U0059838

大都會文化
METROPOLITAN CULTURE

新俄羅斯之鷹
普丁傳奇

前 言

俄羅斯，一個感覺陌生而遙遠的國度，卻一度擁有著掌握半個世界的力量。蘇聯的解體，冷戰的結束，俄羅斯卻始終屹立不搖，在寒冬中默默的重生。

共產政權的瓦解，人們抱著對經濟與自由的期望，迎來了葉爾辛總統。但葉爾辛 8 年，卻讓寡頭經濟操弄俄羅斯國內政經，更因第一次車臣戰爭使國內進入了動盪不安的局面。在這樣惡劣的環境下，葉爾辛於 1999 年末突然宣布辭職，一個素來默默無名的普丁，在人民支持度不到十位數的狀況下，匆忙上任代理一職。

但危機就是轉機！第二次車臣戰爭的爆發，讓人民看到了他強勢的鐵腕作風，期許他能用這樣的氣勢帶領俄羅斯衝破前方的迷障；而在他競選 2000 年總統一職時，寡頭的干政更達到高峰，但在梅德維傑夫的扶持下，寡頭遭到了封殺，更為普丁迎來了 52.94% 的高支持率，將他送上了第三屆俄羅斯總統的大位。

正是時勢造英雄，百廢待舉

的俄羅斯，正是需要普丁這樣的鐵血漢子強勢領導。「給我 20 年，還你一個強大的俄羅斯」——普丁帶給了俄羅斯人民一個夢，一個重新躍上國際舞台發光發熱的強國大夢。而他也做到了！在他引領下，俄羅斯一步一步的逐漸解決了國內的經濟問題，重新昂首國際。

2011 年國家杜馬大選結束後，人民紛紛走上了街頭，開始反對普丁所率領的「統一俄羅斯黨」。從表面上來看，或許可以說是普丁的民意支持度已經不復過往；但從深層來看，在他與梅德維傑夫的合作下，俄羅斯已經逐漸走向法治民主，和平的遊行持續，或許只代表著人民力量的覺醒以及俄羅斯政治的進步。人心思變，執掌國家大權超過 12 年的普丁，在如今宣布參加 2012 年俄羅斯總統大選後，雖然引來了不少民眾的反感；但在過半民意的支持下，以及東北亞局勢因北韓領導金正日的猝逝而進入緊繃狀況的態勢下，或許，我們能期待普丁，將再度穩健的引導俄羅斯，開創另一新的傳奇扉頁。

普丁檔案

全名：弗拉基米爾·弗拉基米羅維奇·普丁

出生日期：1952 年 10 月 7 日

出生地：聖彼得堡（原名列寧格勒）

小名：瓦洛佳

學歷：列寧格勒大學法律系畢業

嗜好：柔道、桑勃式摔角、山地滑雪、游泳、馬術、泛舟

專長：精通德語、會駕駛各種車輛及直升機，善於使用各種機械

配偶：柳德米拉

女兒：瑪麗亞（瑪莎）、葉卡捷琳娜（卡佳）

最敬重的人：彼得大帝

最喜愛的作家：契訶夫、杜斯妥也夫斯基

治國目標：重振俄羅斯雄風

普丁年表

1952 年 10 月 7 日，生於列寧格勒（現稱聖彼得堡）。

1970 年 進入國立列寧格勒大學法律系就讀。

1975 年 畢業後，在蘇聯國家安全委員會對外情報局工作。

1985 年 至 1990 年在東德從事情報工作。

1990 年 回國後，先後擔任列寧格勒大學校長外事助理、列寧格勒市蘇維埃主席顧問、聖彼得堡市對外聯絡委員會主席。

1994 年 任聖彼得堡市第一副市長。

1996 年 8 月開始擔任俄羅斯聯邦總統事務管理局副局長。

1997 年 任總統辦公室副主任兼總統辦公室監察總局局長。

1998 年 5 月，任總統辦公室第一副主任，同年 7 月起任俄羅斯聯邦安全局局長。

1999 年 3 月，任俄羅斯聯邦安全會議祕書，同年 8 月被任命為俄羅斯聯邦總理。

1999 年 12 月 31 日，葉爾辛總統宣布辭去俄羅斯聯邦總統職務，普丁出任代理總統。

2000 年 3 月，當選為俄羅斯聯邦總統，同年 5 月 7 日正式宣誓就職。

2004 年 3 月，再次連任為俄羅斯聯邦總統。

2008 年 1 月，擔任俄羅斯第一大黨「統一俄羅斯黨」黨主席。

2008 年 5 月，因憲法對連任的限制，卸下總統職位，其後由接任總統的德米特里・梅德維傑夫提名，擔任俄羅斯總理。開啟「梅普共治」時代。

2011 年 11 月，宣布將競選 2012 年 3 月的總統大選。

目　錄

C o n t e n t s

俄羅斯偶像

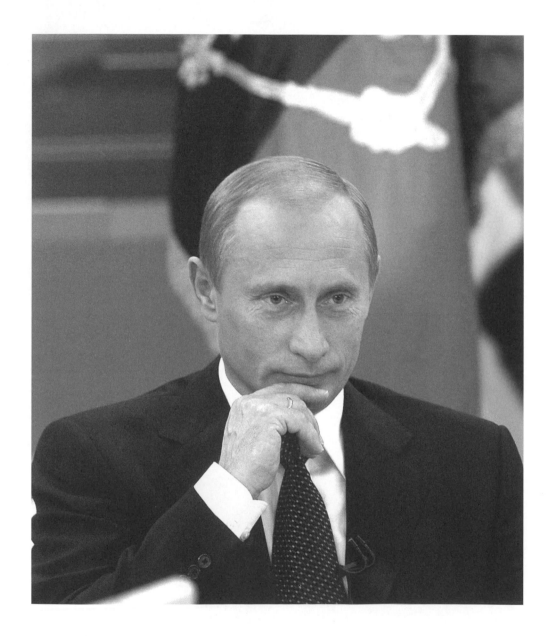

普丁崇拜

2000 年 5 月，普丁登上俄羅斯政治舞臺的中心，成為俄羅斯聯邦第三屆總統，這一年被俄羅斯人稱為「普丁年」。普丁從上任開始，就以重振大國形象為己任，大力推行帶有明顯實用主義色彩的政策方針，企圖將國力衰退的俄羅斯逐步帶上復興之路。

2004 年 3 月 14 日，俄羅斯新一屆總統大選開始投票，從地處東亞的海港海參崴，一直到波羅的海岸邊的加里寧格勒，在橫跨 11 個時區的廣闊區域，億萬俄羅斯選民走進遍布全境的 9500 個投票所，選擇他們心中理想的總統。幾天後，俄羅斯中央選舉委員會公布選舉統計結果，普丁獲得 71.2% 的選票，連任成功。

無疑的，普丁是俄羅斯人當時夢寐以求的鐵腕人物；他走路時總是有力的擺動手臂，給人強健的軍人印象；他開著戰鬥機掠過戰亂的車臣上空，訪問在車臣作戰的俄羅斯士兵時，沒有像往常一樣進行視

葉爾辛把總統的權柄交給普丁的同時，送給普丁一句沉甸甸的叮嚀：「珍惜俄羅斯」。

【註】
KGB 為前蘇聯國家安全委員會，是一個安全情報機構。

察，而是選擇了一個更具象徵意義的做法──在獵刀上簽名。

普丁高舉「恢復俄羅斯強國地位」、「將財閥與國家最高權力分開」、「堅決打擊分離主義和恐怖主義」這三面旗子上臺。在其執政過程中，普丁全力推行的是恢復俄羅斯強國地位的政策。雖然「庫爾斯克」號沉沒了（俄羅斯「庫爾斯克」號核潛艇於 2000 年 8 月 12 日在巴倫支海參加演習時沉沒，艇上 118 名官兵全部罹難），但經過這個事件，俄羅斯的軍事力量得到了調整；雖然車臣的恐怖活動沒有終止，但在對付車臣恐怖分子的同時，顯示了俄羅斯國家大一統的不可動搖；雖然財閥勢力仍然強大，但透過對財閥的整頓，表明了中央集權的正確。普丁的一系列強國措施，對俄羅斯民眾來說，無異於悶熱天氣時吹來的涼風，讓人們看到了雨過天晴的希望。

當時，普丁是俄羅斯歷史上第一個「青春派」總統，他不僅年輕，而且充滿活力。他敢駕駛戰鬥機，敢在能見度極低的情況下乘飛機去北極圈，敢從無人去過的雪峰上滑雪而下，所有這一切都使俄羅斯國人對他刮目相看。此外，他神祕莫測的 KGB【註】背景，更增加了民眾對他的好奇心，使人們對他的關注和期待居高不下。

俄羅斯人有崇拜領袖的傳統，幾乎每一位新領袖上臺，總會伴隨一種對新領袖的崇拜。這種周而復始的崇拜現象，反映了俄羅斯民眾對安定和美好生活的追求，改變現狀的強烈願望和對俄羅斯大國地位的渴求，這些都大大提升俄羅斯人對總統的期望值。葉爾辛執政時就曾出現過「葉爾辛熱」，因此「普丁崇拜」的出現，與其說是對普丁幾年來政績的肯定和讚揚，不如說是俄羅斯民眾對他寄予極大的期望。從這層意義上說，這種異乎尋常的「普丁崇拜」其實是正常現象。

被媒體包圍的普丁，有一種從容不迫的氣度。

就這樣將媒體征服

2000 年 10 月 7 日，卸任後的葉爾辛再度成為媒體焦點，他和他的回憶錄《總統馬拉松》閃亮登場，受到世人的關注。書中披露了葉爾辛選擇普丁作為接班人的一些內幕，使當年國際政壇的新一代風雲人物──普丁，行情進一步看漲。伴隨著葉爾辛精心策劃的「新總統、新世紀」這場政治大戲的圓滿落幕，「普丁時代」猶如世人矚目的俄羅斯芭蕾舞劇翩然開場。可想而知，這位「冷面王子」會多麼吸引俄羅斯大眾傳媒的視線。

但媒體向來是挑剔的，對陌生的普丁，媒體最初的評價並不友好。先不說普丁身材短小、其貌不揚，單是那生硬、冰冷的面孔，就和媒體有了距離，但很快的媒體就意識到自己的錯誤。剛剛浮出檯面的普丁，對媒體的態度其實非常友好和合作。在 2000 年俄羅斯總統大選前夕，俄羅斯《生意人報》的 3 名記者對普丁進行了六次共計 24 小時的訪談，問題涉及普丁的生活歷程、政治經歷和思想觀念等。普丁坦言相告，態度真誠而可信，贏得媒體的極大興趣。訪談的內容很快集結成《頭號人物：普丁訪談錄》一書，讀者反應熱烈。在普丁執政 100 天之際，俄羅斯的《今日報》於 2000 年 4 月 10 日以《亂世中沉默少言的總統》為題，對普丁執政 100 天進行了評價，報導中已經認為他是「淡然的和非意識型態的政治家，就連記者想吹毛求疵都挑不出什麼毛病來」，但同時又暗示葉

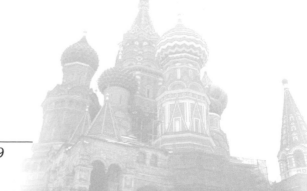

向民眾表明自己的態度，普丁從不含糊其辭。

爾辛也不是一上臺就變成「沙皇」的，言語之中包含許多寓意。

俄羅斯的《新聞記者》雜誌在普丁剛當選之際，便以標題《俄羅斯面對 21 世紀的第一選擇》，表明了新聞界對普丁的支持與期望，文中強調俄羅斯知識界和傳媒界之所以如此關注政權的交替，如此寄望於新的領導人及其新政府，是因為飽受動盪之苦的人民並未放棄未來，而新世紀的國家命運已交給了普丁。同時，這期雜誌也發表了該刊記者在大選前對普丁的專訪。在採訪中，普丁顯示出其鐵腕風格，強調「軟弱的國家將無法保護人民的自由，國家越強大，人民才會

普丁與莫斯科市民進行電視對話，在電視直播節目中接受市民的提問並做出答覆。

上鏡前整整衣裝。

普丁與媒體的互動，常常產生出乎意料的效果。

獲得越來越多的自由。建立法治的政權和社會秩序，是維護個人與社會自由，並成為強大國家的必經之路。」

這些正是俄羅斯民眾和傳媒所期望聽到的，普丁的這番表白令俄羅斯傳媒為之一振。當時就有評價指出：「對記者們首次提出的敏感問題，普丁的回答竟然如此明確，我們有理由相信，總統不會在正式當選後改變自己的主張。」記者們的評價沒有錯，在隨後的幾年裡，普丁堅持自己的治國主張，銳意改革，消除腐敗及打擊車臣分裂活動政績顯著。

俄羅斯政治家柳巴舍夫斯基說：「普丁是在必要的時刻，以必要的身分和必要的素質，出現在必要的位置。」普丁靠自己的獨特魅力，也靠自己的實力，將媒體征服，又透過媒體征服了更多民眾。隨著時間的推移，總統普丁這位標準男子漢的民意支持度飆升，到他第二次總統任期快結束時，支持度始終居高不下。

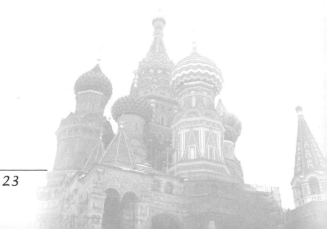

笑容滿面的俄羅斯民眾，正要投票選擇她們心儀的總統，幾乎可以肯定，她們選的是普丁。

「我要心愛的人像普丁」

　　2002年時，在俄羅斯最流行的是一首合唱曲，歌名叫做《我要心愛的人像普丁》。幾個失戀的女孩在歌中訴說，要找一個像普丁一樣的男友。歌中唱道：

我的男友打了一場架，
打得遍體鱗傷，
喝得酩酊大醉又沉淪毒海，
他簡直叫我無法忍受，
我要把他從身旁逐開。
如今我想要心愛的人像普丁，
一個像普丁一樣強而有力的人，
一個像普丁一樣不酗酒的人，
一個像普丁一樣不讓我傷心的人，
一個像普丁一樣不會拋棄我的人。

　　這首歌在著名的俄羅斯電台播放後，很快就在整個俄羅斯流傳開來，成為一首流行金曲。

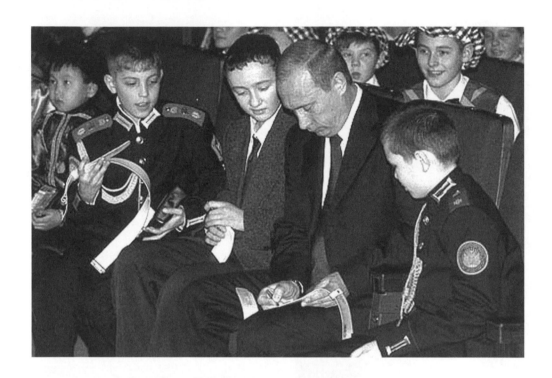

普丁做起事來總是
那麼認真、投入。

用一首情歌來讚美政治領袖並為人們廣泛傳唱,實屬罕見,除了歌曲本身曲調優美,悅耳動聽,關鍵在於它道出了人們的心聲。

從 20 世紀 90 年代初期蘇聯解體,俄羅斯人幾乎一直生活在不安定的動盪社會中,偷盜、搶劫、凶殺、生活水平下降,無一不讓老百姓感到生活沉重、前途黯淡,但普丁執政後,立法治國,強化社會治安,逐步改善了社會秩序。俄羅斯人民渴望生活在一個安全有序的社會裡,所以普丁推行的政策得到了俄羅斯人民的廣泛擁護,這也正是大多數選民支持他的原因之一。

論及個性特點,俄羅斯人民比較欣賞普丁的男子漢風度,認為他作為一名政治家,從不給人虛偽的感覺。有媒體報導說,普丁在一次與大學生的見面會上,當被問及當總統的感受時,他言辭懇切的說:「我從來沒想過要當一國總統。葉爾辛很意外的向我提議讓我當總統,起初我不肯,說這是一種很痛苦的命運,但是後來,正如大家所見到的那樣,我對擔任總統一職逐漸產生了興趣。」他還表示,「我不知道自己究竟做得怎麼樣,所以我要是盲目,就會大錯特錯。」他說:「當總統就必須竭盡全力,努力使自己不犯錯誤。」普丁對蘇聯那段歷史不但沒有偏激態度,相反的對那些符合民族自豪感的傳統事物公開表示讚賞。他開誠布公的說:「蘇聯解體是一個歷史悲劇。」他還多次在公開場合表示對列寧的尊

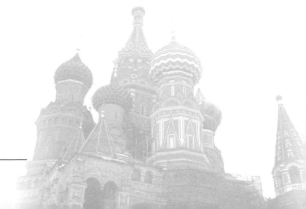

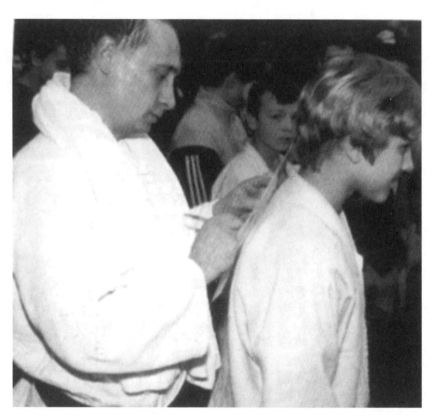

「請柔道大師幫我簽個名！」

敬，贊成將列寧墓保留在克里姆林宮旁。雖然人們用「彼得堡幫幫主」這樣的戲稱來指明他的出生地，但普丁自己卻寧願稱故鄉為「列寧格勒」。他對學生們說：「列寧格勒是一個很特別的城市，它培養了我們的愛國主義精神，我們的所思所想都圍繞著國家。」正是由於諸如此類的「中立」立場，使得具有濃厚「蘇聯情結」的老一輩人能夠欣然接受這位「後生輩」總統。

直到 2007 年底，普丁的支持度高達 84%，即便近年來人心思變，聲望逐步下滑，但他引領俄羅斯政壇高層時尚新潮流早已是眾人皆知的公開祕密。他不尚煙酒，專好積極健康的體育運動，其專業級柔道技藝無需言表，滑雪、游泳、馬術等運動項目樣樣拿手。於是，

自普丁當政後，俄羅斯政壇「精英」們便捨棄了傳統的俄式澡堂和伏特加酒，紛紛奔向滑雪場與游泳池。此外，普丁本已精通德語，擔任總統期間，還堅持不懈學習英語。這些，無疑為他增添了人格魅力。

論長相，普丁並不是那種讓人一見鍾情的美男子，但他卻具有一種獨特的魅力。在俄羅斯婦女的心目中，普丁是全俄羅斯最性感、最有魅力的男人。只要普丁總統在電視上露面，俄羅斯一些婦女就肯定要和丈夫爭奪電視遙控器了，丈夫即便是在看精彩的足球賽轉播，也只得忍痛割愛。許多俄羅斯人用「普丁」為孩子取名，普丁到過的地方也都成了熱門旅遊景點。在普丁的家鄉聖彼得堡，人人都記得當年那個無不良嗜好、不酗酒、有禮

漂亮的俄羅斯女郎與印著普丁頭像的精緻俄羅斯娃娃，是俄羅斯街頭獨特的風景。

貌的年輕人，還記得他放鬆時愛唱俄羅斯民歌。那裡的雕塑家們熱衷於為這位顯赫的同鄉塑像，並喜歡把他的雕像擺在工作桌上。而莫斯科人則熱衷於在畫布上為普丁留下永恆的印記；2003 年，莫斯科市舉辦了一個名為「我們的普丁」的畫展，展品全是總統普丁的肖像；2001 年，俄羅斯最搶手的聖誕節禮物是一套 2002 年掛曆，掛曆的主題既不是風景名畫，也不是妙齡女郎，而是普丁總統 12 張不同表情的圖像；而到了 2011 年，團員高達 30 萬人的青年團「納什」（意思是：我們的），為了替普丁在隔年的總統大選造勢，還特別印製了美女月曆大作宣傳。

這種以普丁為題材的──不論是藝術作品、網路短片、遊戲軟體……──通常只要一推出，都能

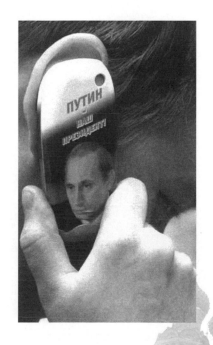

在許多俄羅斯女性的心中，普丁就是傳說中那位騎在白馬上的王子。

立刻成為眾人目光的焦點。

　　《我要心愛的人像普丁》的首唱者之一蘇琳娜，解釋俄羅斯婦女為什麼如此喜愛普丁：「他的性格有魅力和神祕感，這是他總能吸引婦女的原因。他從 80 年代初與柳德米拉結婚以來，對妻子忠貞不渝，他屬於一輩子只結一次婚的好男人。」

　　而男人們推崇普丁，主要是因為他治國有方，是個難得的人才。一位政治分析家在莫斯科對媒體說：「在人們的記憶中，俄羅斯民族的領導人大多是老人在重複陳腔濫調，很少有領導人作出的決定能得到那麼多人擁護，而普丁正是一位被看好的重要人物。他在面對大事時頭腦清醒、處置果斷。」像是提高人民的養老金、提高文職人員的薪水、整肅遺留下來的官僚作風、堅決打擊車臣民族分離主義分子，這些都是讓人民津津樂道的決策。

　　當然，「普丁崇拜」並不意味著普丁的執政前途一片光明，他的前途將決定於他執政以來的改革，即他的建國方針，最終是否能為俄羅斯民眾帶來安定和美好的生活。而他的改革相當程度上又取決於他和黨派、集團、寡頭財閥之間關係的處理，尤其是他和根深蒂固官僚階層關係的處理。

　　人們愛用普丁說過的一句話來評價他：「給我 20 年，還你一個奇蹟般的俄羅斯。」雖然普丁總統在推行強國主義時仍會遇到荊棘和坎坷，但他畢竟已經在穩定國家局勢和鼓舞民心方面做出了一番努力並取得了重大成果。對普丁來說，他也許只需要一個條件：時間。

平民的後代

在聖彼得堡寬敞明亮、富麗堂皇的大殿內，來自全球 44 位國家元首和政府領袖齊聚一堂。
吸引他們的，不知是彼得大帝創造的輝煌歷史，還是普丁總統的俄羅斯復興夢想。

摩爾多瓦的傳說

普丁的家鄉聖彼得堡是一座歷史名城，是俄羅斯第一位沙皇彼得大帝創建的。普丁對彼得堡充滿感情，對創建這座城市的彼得大帝充滿敬意，他將一幅彼得大帝的畫像掛在克里姆林宮的辦公室裡。彼得堡人對普丁也充滿自豪，2003 年彼得堡建城 300 周年之際，普丁不惜重金，邀請世界各國領導人，為這座偉大的城市祝福，顯示普丁與故鄉之間的深刻聯繫，同時也傳達了普丁重振俄羅斯大國雄風的信心與決心。但有人研究後發現，普丁的祖先不是彼得堡人，甚至不是俄羅斯人，而是摩爾多瓦人。

2000 年普丁第一次參加總統大選時，摩爾多瓦共和國（位於羅馬尼亞和烏克蘭之間）的報紙上刊登了一篇文章，題目是《普丁是我們摩爾多瓦人》，內容是名為維克多‧安東的摩爾多瓦歷史學家所研究普丁家族的族譜。研究發現，普丁的祖先是摩爾多瓦大公的衛兵弗拉德‧普丁內，「普丁內」在俄文裡的意思是「圓桶」，是一個典型的平民姓氏。有一次普丁內的主人在帳棚裡和彼得大帝談話，土耳其刺客突然闖入，普丁內聞訊立即上前，與刺客展開激烈搏鬥，最後力擒殺手，救了彼得大帝和摩爾多瓦大公一命。彼得大帝很欣賞普丁內的勇敢，便把他帶回彼得堡，留在自己身邊，封他為上尉，並建議他改名普丁。後來普丁內與一名俄羅斯女子結婚，他的後代就留在彼得堡。

摩爾多瓦人講述的普丁家世是否可信，還有待進一步考證。普丁本人也不見得認可這個家世，但摩爾多瓦人肯定是相信的。能證明一個魅力無窮的大國領袖出自本民族的血脈，肯定讓人心情愉快。彼得堡人與俄羅斯人也肯定相信這個傳說，因為這是一個非常有趣且意味深長的傳說。普丁的名字與勇敢果斷，與彼得大帝有了一種歷史的聯繫，對以普丁為自豪的彼得堡人和俄羅斯人來說，無疑是一件令人興奮的事。

普丁的爺爺是位技藝精湛的名廚。

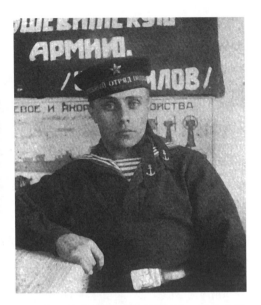

普丁的父親曾參加過衛國戰爭，退伍後進入列寧格勒車廠工作。

母親對普丁舐犢情深。

出身布衣

普丁出身於一個普通的工人家庭，他的祖父是個出色的廚師，曾為列寧的夫人和妹妹服務，後來在莫斯科市委高級療養院工作。他雖是一名高級廚師，為許多有頭有臉的人做過飯，但從未利用職務之便為己謀私。普丁的父母是蘇聯普通的工人，在戰後艱難的歲月裡，這個普通工人家庭的生活非常拮据，但相互之間的愛使這個家庭充滿溫暖。普丁的父親曾當過兵，參加過衛國戰爭（1941－1945），退伍後進入列寧格勒車廠，擔任廠裡的負責人。他是個嚴肅正派、善良有智慧、富有遠見的人，他經常告誡普丁要積極向上，要學會靠自身的力量謀生、自衛、尋求發展機遇，這使普丁從小就培養出一種樸實無華、堅韌進取的性格。普丁一家住在一間只有 27 坪的工人公寓裡，這裡沒有電梯，廚房也是共用的，公寓裡經常有老鼠出沒。結婚後，普丁和妻子仍然與父母一起住在這間公寓裡，直到 1996 年調去莫斯科任職。

長期的平民生活使普丁對俄羅斯民眾的艱辛有著切身體驗，對他們的所思所想、所需所求有深刻的了解。對俄羅斯民眾生活的體察使普丁成為一位平民色彩濃厚的「領袖」，他把了解民眾的呼聲與疾苦作為正確決策的關鍵。他到各地視察時經常打亂地方接待計劃，並隨意走進未做事先安排的百姓家裡了解情況。2002 年，普丁考察遠東時路過一個村子，有個男子正在劈

普丁為棒球運動員簽名留念。

木柴。男子的老婆對他嚷道:「總統來了!」「什麼總統,見鬼了!」男子不相信,可是抬頭一看,男子愣了一下:「弗拉基米爾·弗拉基米羅維奇,真的是您!」「不,不是我。」普丁開玩笑地說。男子傻傻地請普丁跟他兒子一起游泳,當時水溫只有攝氏21度,但普丁二話不說就下水了,這段故事很快變成了傳奇。在此之前,不論是葉爾辛還是蘇共中央總書記,都喜歡事先精心策劃的視察,聽聽當地首長彙報,看看名勝古蹟,但普丁講究「眼見為實」。即使在公眾場合,普丁也善於躲開當地首長安排的「工農代表」,

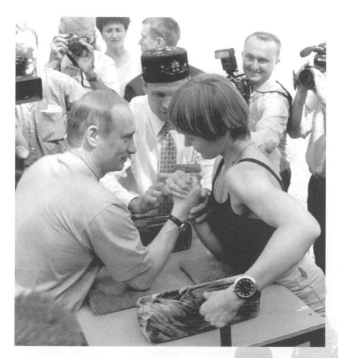

普丁和民眾比腕力,展現親民作風。

在俄羅斯，印有總統普丁圖像的 T-shirt 隨處可見。

專挑未經「訓練」的普通人，和他們話家常。

　　有一次，一位參加過衛國戰爭的老太太向他抱怨，說自己的退休金低於全國平均水平，而且沒有享受任何優惠。普丁回莫斯科後立即向退休基金會會長問明情況。原來，根據規定，想享受優惠就得自己辦齊證件申請，不申請就沒有優惠。在普丁的詢問後，這種規定很快進行了修改，變成讓基金會工作人員上門為退休老人服務。正是這種平民主義的理念與做法，使普丁的內外政策反映了多數俄羅斯人的願望，他本人也成為普通百姓心目中的「自己人」。

普丁向歡迎他的人揮手致意。

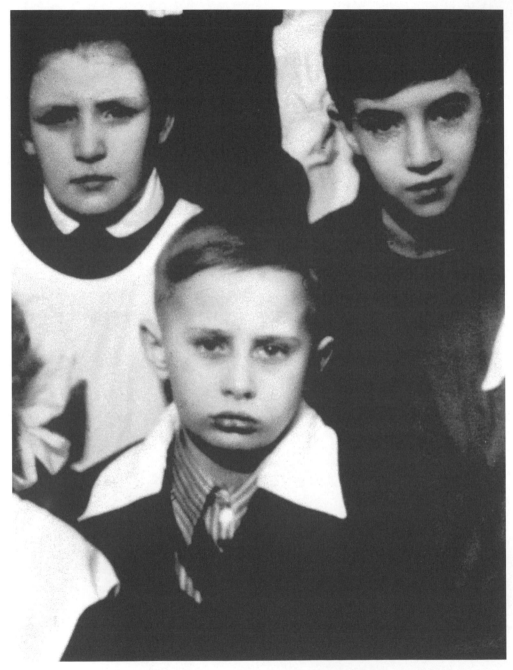

普丁的童年是在聖彼得堡市中心巴斯科夫小巷中一個大雜院裡度過的。

大雜院裡的童年

　　普丁的家在聖彼得堡市中心巴斯科夫小巷的一個大雜院裡，他的童年時光就是在這個大雜院裡度過的。

　　普丁家住在大雜院中的一幢五層樓裡，房子是他父親工作的車輛廠分配的。這幢樓很簡陋，沒熱水、沒浴室，廚房很小，而且還是公用的；樓梯一側有鏽跡斑斑的鐵欄杆，樓梯間裡經常有好多老鼠出沒，普丁和其他小朋友們常常用棍子驅趕老鼠，在這樓梯上曾發生過一次驚心動魄的「人鼠大戰」，迄今還如刀刻斧鏤般烙在他的記憶深處。有一次，普丁看見一隻碩大的老鼠，便對牠窮追不捨，直到把牠逼到了牆角，這隻老鼠走投無路、氣急

敗壞，而突然轉身全力向他迎面撲來。這一切來得太突然，普丁害怕極了，接下來，反倒是老鼠緊緊的追趕他。只見牠飛快的越過一個個台階，轉瞬就跳進普丁家那一層的走道。普丁畢竟比老鼠跑得快，他以最快的速度推開自己家房門，又砰的一聲關閉。就這樣，普丁硬是將老鼠擋在自家門外。

　　上小學前，普丁只能在大雜院裡玩。普丁在外面玩，媽媽不放心，常常從自家窗戶探出頭問：「瓦洛佳（普丁的小名），你在院子裡嗎？」普丁要是在這院落裡，母親也就放心了。父母對普丁看得很緊，未經他們許可，普丁不能隨便出這大院。

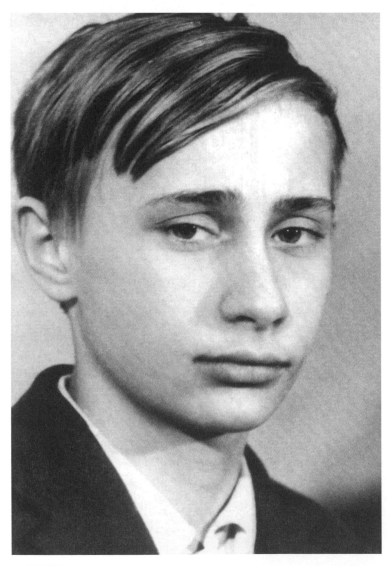

少年時代普丁。

然而，外面的世界對普丁的誘惑力實在是太大了，有時普丁不理會這些，就偷偷的溜出大院。

五六歲時普丁第一次悄悄的走到他家附近的一條大街上。這天是五一勞動節，他好奇的四處張望，街上人山人海，一片歡騰熱鬧非凡。他呆呆的看著眼前歡天喜地的景象，不知為什麼開始有點害怕起來。

再稍大一點，普丁的膽子就越來越大了。有一年冬天，他瞞著爸爸媽媽，和幾個小夥伴乘電車到郊外玩，到那兒以後，他們走著走著就迷了路，不知到了什麼地方。天寒地凍，幸好他們帶著火柴，於是他們升起了火，但沒吃沒喝，他們都凍僵了、餓壞了。回家時，他們還是坐電車，回到家，普丁挨了一頓打，從此他再也不敢隨便獨自出遠門了。

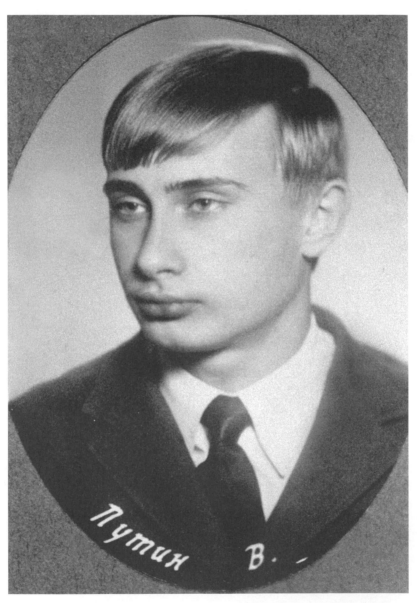

像那個時代的許多俄羅斯少年一樣，普丁的臉上有一種意氣風發的神情。

不安分的學生

　　普丁生於 1952 年 10 月，開始上學時已經快 8 歲了。普丁家的相本裡至今還保存著他剛上學時的一張照片，身穿活像是軍裝一樣的舊式灰色校服，端一盆花站著。成年後的普丁已不記得，當時為什麼他不是拿一束鮮花，而偏偏端著一盆花。

　　像許多孩子一樣，普丁不大願意上學，他更喜歡跟小朋友們整天在大院裡玩，但又不得不走進校門。學校就在他家那條小巷裡，到學校只有幾分鐘路程。不過，普丁幾乎每天第一堂課都會遲到，因為冬天裡衣服總是穿穿脫脫的，離學校的距離雖短，卻也因此多花了不少時間。後來為節省時間，普丁想了個「妙招」：乾脆不穿外套，飛也似的往學校跑，從此他便能準時坐在自己的座位上了。

普丁與他的同學合照，前排右邊第三個為普丁。

少年普丁與女同學一起翩翩起舞。

普丁是個不聽話的孩子，因此學校制定的那些規章制度他也是不怎麼遵守的。但學校是有組織的團體，它有明確的行為準則和嚴密的紀律，但當一個從小生活在大雜院裡的人，突然來到這種有組織、有紀律的環境裡，他一定還會按原先的習慣生活。而學校就像是在他周圍拉起的一道護欄，圈在護欄裡受約束，讓人很不舒服。於是，普丁便開始想要「挪開」這道「牆」。

據俄羅斯媒體報導，11 歲的普丁屢次頂撞體育老師，還撕毀數學課的家庭作業，在考試時與同學交換字條。有一段時間，普丁與物理課老師的關係搞得很僵，有一次因為忘記穿校服，普丁甚至被物理老師趕出教室。這樣「愛自由、不安分」，理所當然會引起老師們的指正，調皮的學生不喜歡老師們這麼做，便常常會做點反抗。

而調皮的學生之間也不免會發生衝突，於是打架鬥毆的事便接連不斷，這一切普丁都沒少了參加。比如，在快要上課的時候，普丁還向別的同學扔黑板擦。因為打架，普丁的父親還被老師叫到了學校。普丁當時的成績根本談不上優秀，在實行五分制的蘇聯，他好多科目只得了兩三分。

普丁小時候的故事讓許多人興奮不已，因為一個成績平平、調皮搗蛋、愛打架的普丁，一下子就拉近了他與普通人的距離，讓人覺得特別自然、親切。習慣了完美領袖形象的俄羅斯人突然發現，原來總統的童年與他們小時候沒有什麼兩樣。暢銷的《共青團真理報》感動的說：「總統是我們當中的一員，和我們一起長大，還給了我們希望。」

普丁和父母合影。

「家是我的堡壘」

儘管家境不好，但家人總是盡可能給普丁溫暖。他是在爺爺、奶奶和爸爸、媽媽的百般愛護和精心培育下成長的。

普丁的爺爺是位技藝精湛的名廚，且有不尋常的經歷。第一次世界大戰後，他應邀到莫斯科郊區哥爾克鎮工作，為當時住在那裡的列寧及其家人做飯。列寧逝世後，他又被調往史達林的一間別墅，在那裡工作了很長一段時間。退休後，他在莫斯科市委伊林斯科耶休養所又當了好多年廚師。普丁13歲，即1965年他爺爺逝世之前，曾多次到這個休養所小住，和爺爺、奶奶一起度過許多幸福的時光。

普丁的父親為人不苟言笑，表面有些冷淡，但他愛普丁、關心普丁。至於母親，對普丁更是舐犢情深，處處圍著他轉，這也難怪，因為普丁是她的「唯一」。普丁母親先前生過兩個孩子，但不幸都夭折了，直到41歲那年，才又生了普丁，因此，普丁被稱為「遲到的孩子」。對普丁的母親來說，這輩子除了唯一的孩子，沒有其他任何追求。母親對他的這種疼愛，在每件瑣碎小事上都時刻體現著。

普丁後來回憶自己的早年生活，對自己的父母充滿感激，他感動的說：「我比許多同年齡的人都幸運，因為我能親身感受到父母親對我的關懷和呵護。這一點對我至關重要，因為這使我能夠健康成長。」

「那時我看見一個個家庭走向破裂、解體，其中許多是因為男主人毫無節制的酗酒而釀成的。我曾親眼目睹這種悲劇，最初是在我們那座擁有眾多住戶的大雜院裡，而

普丁的父親趕著破舊馬車，當時他大概沒想到自己的兒子日後會
成為俄羅斯這架「馬車」的駕馭者。

普丁的母親瑪麗
亞‧伊萬諾夫娜‧
什羅莫娃。

後則是在學校裡。」

「那時，雖然生活清苦，但我從未覺得生不逢時。其實，家道清寒、生計窘迫的何止我們一家，差不多家家都這樣。在列寧格勒市內，家家戶戶住的大都是公家宿舍，居住條件有的好些，有的差些，但各家的生活水平大致都不相上下。有一年，我到科米自治共和國一個建築隊參加義務勞動，回來後，我才買了第一件新大衣。在此之前，我連一件像樣的衣服也沒有。」

「我的家就是我的一座堡壘，可以說，這是我最大的優勢，當時我還沒有清楚的認識到這一點。很顯然，在父母心目中，最為珍貴的是我這個人，所以，即使我口頭上什麼也不說，但只需要朝四下一看，我就有充分理由認為，我所處的家庭環境是最好的。對我來說，這是非常重要的，非常重要！早在

上小學時我就想，將來上了大學，我可能不會刻意強調我父母的工作（普丁父親參加過衛國戰爭，在一次戰鬥中身負重傷，斷了一條腿而終身殘疾。戰後復員到列寧格勒車輛廠，先後任工長和工廠黨支部書記。母親沒念過什麼書，做過清潔工，夜間為一家麵包廠接貨；後來為某實驗室洗試管，還在某寄賣店當過值班員）。我想，如果在大學一年級我就能說我父親是教授，母親是副教授，那我當然會更高興。我不刻意強調父母的工作，但我從不因為他們的職業而感到羞愧。我一向敬重父母，一向親切的對待父母，我清楚知道，我的一切都是父母給我的；我也清楚知道，身為普通人，父母已經盡了最大的努力，他們所做一切都是為了使我生活得更好。正因為有了他們，我才能有一個良好的人生開端。」

神祕的間諜路

16 歲少年的志向

當葉爾辛選擇普丁作為自己的接班人時，普丁作為前 KGB 情報官員的經歷，使他在人們眼裡顯得非常神祕，西方記者甚至稱他為「這個星球上最神祕的人物」。人們不知道普丁在那些年裡究竟幹了些什麼，那段經歷是一個「黑匣子」，而前 KGB 的不良名聲又使得西方人對他疑慮重重。但慢慢人們便知道了，在普丁眼中，KGB 並不是什麼天生不良組織，而只是一種中性的工具，它具有非常專業的知識和能力，關鍵在於為誰服務。在少年普丁的眼裡，KGB 更是一個具有挑戰性的職業，作為一個喜歡冒險、有主見的人，普丁早在 16 歲

普丁與他的朋友合影，戴帽者為普丁。

時，就決定要加入 KGB 了。

普丁的父母文化水平都不高，因此對普丁抱有厚望，像許多父母一樣，他們也希望普丁能上大學，接受高等教育。但普丁自己的想法卻是想直接加入 KGB，他看了許多反映特務工作經歷的書籍和電影，對充滿驚險歷程的情報生活嚮往不已。16 歲那年，普丁跑到列寧格勒的 KGB 辦事處要求加入，但 KGB 一名官員告訴普丁，他們只接受大學畢業生和退役軍人，普丁沒有大學學歷，不符合他們的條件，而且，他們也不接受自己找上門的人。普丁於是追問，收什麼樣的大學生？那位官員告訴他，最好是法律系畢業生。普丁於是決定報考列寧格勒大學法律系，以便為日後加入 KGB 作準備。

少年普丁認為，上大學、學法律，是與將來加入 KGB 密切相關的，是走向職業情報生涯的第一步，因此是一個非常重要的計劃，不能改變。所以，當他的柔道教練建議他報考技術學校時，小小年紀的普丁拒絕了教練的好意。按照當時的情勢，普丁有點不知好歹，因為根據普丁的條件，他可以被保送到列寧格勒金屬工廠附屬的高等技術學校，根本不用考試，還可以使他免服兵役，況且普丁的父母也贊成教練的意見，因而給了普丁不小的壓力。但普丁一心想加入 KGB，所以對這些意見統統不加以理會，他說：「我就是要考大學，就這麼決定了。」口氣之堅決，就像後來他當選總統後發布命令一樣。

大學時代

1970 年，普丁考上了列寧格勒大學法律系，跨出他進軍 KGB 的第一步。

列寧格勒大學（現改名為彼得堡大學）是一所與莫斯科大學齊名的俄羅斯著名學府。在那裡，普丁整整苦讀了 6 年，根據當時蘇聯高等教育的要求順利完成了學業。普丁喜歡讀書，勤於思考，視野開闊，他的畢業論文討論的是「論國際法中的最惠國原則問題」，這篇論文得了優等。

不過，普丁在大學裡最大的收獲卻不是他的學業成績，而是他的柔道比賽成績。普丁很早就開始練習柔道，進入大學之前，就已是柔道黑帶選手。大學期間，他經常參加柔道比賽，級別不斷得到晉升，到大學三年級時，他已經是柔道大師了。普丁對柔道非常投入，課餘時間幾乎都用來練習柔道，以至很少參加其他的課外活動。

多年以後，回憶起大學時代的柔道比賽，普丁仍然記憶猶新，他印象最深的是與柔道世界冠軍沃洛迪亞‧卡列寧的一場比賽，當時兩人爭奪的是列寧格勒市的冠軍。那次比賽，普丁最終輸了，但讓他得意的是，在比賽剛開始的時候，身材矮小的他卻把卡列寧從背上摔了下來，動作乾淨俐落，幾乎沒費什麼勁。

大學期間，普丁在柔道方面的努力使他有了一副強健的體魄，也使他的意志得到極好的鍛鍊，這些對他後來的事業都產生極大的影響。在大學期間，普丁還結識一位對他未來命運產生決定性影響的人，這就是他的經濟法老師索布恰克，普丁從三年級開始聽索布恰克的課，並與之建立了良好的關係，普丁的畢業論文就是索布恰克主持

審查的。索布恰克是蘇聯後期著名的改革派領袖，享譽一時。1990年初，索布恰克任列寧格勒市蘇維埃主席，他邀請普丁加入他的行政班底，將普丁直接引進政壇。

儘管學業繁重，柔道訓練艱苦，但普丁一直沒忘記他的職業目標，他在默默的等待著。事實上，KGB 也已經注意到了他，到大學四年級時，KGB 終於找上門了。因為按照 KGB 當時的招募標準，像普丁這樣機智勇敢、身體健康，具有強烈愛國主義和獻身精神的青年，非常適合做情報工作。普丁幾乎不假思索就同意了，因為這本來就是他的理想。於是，大學尚未畢業，普丁就成了 KGB 的人，他開著組織提供的一輛轎車，在校園裡進進出出，讓一些同學感到困惑不解。

加入KGB

1975 年夏天，23 歲的普丁以優選成績從列寧格勒大學法律系畢業，正式進入蘇聯國家安全委員會（KGB）對外情報局工作，被分配到 KGB 第 401 保密學校。普丁在 401 學校只學習了一年，就因成績卓越，被分配到 KGB 某部偵察分隊，每天在其特務工作科上班，特工科擔負著特種任務：對外國人和外國使節外交官進行跟蹤。眾所周知，這早已不是什祕密，世界上所有國家都毫無例外的對外國使館實施嚴密監控。

當時一般特務人員沒有個人

KGB 軍官普丁。

的辦公室和電話，因此，普丁和他的同事們不得不好幾個人擠在一個房間裡，每個房間只有一部電話，這為他們帶來諸多不便，大家常常因為打電話而發生爭執。年輕的普丁當時已是中尉軍階，由於爭強好勝，他常常處於爭執的中心。普丁總是毫不客氣的拿起唯一一部電話和「局外」的朋友聊個沒完，為此，同事們戲稱他是「煲電話粥能手」。

普丁盡可以這麼做，因為他工作出色，長官很器重他，常常對他另眼看待。當時任特工科科長的謝爾蓋·彼得羅夫上校深刻的回憶道：「第一次和普丁談話，我就立刻感到他頭腦敏捷、氣度不凡，有出色的分析能力。情報工作最需要智商高、視野寬的人，我眼前的這位年輕軍官正是這樣的人。因此，我們沒談幾句，我就深深的喜歡上普丁

了。」普丁還有分隊刑偵科工作證，這也是一種特殊待遇。在偵察分隊，持有這種證件的人充其量也就那麼幾個，同事們誰也不知道普丁在執行什麼任務，互相也不過問。因為當時 KGB 內部有明確規定：不該知道的不問，對同事的工作不准隨意打聽。不久，普丁進了特工科開辦的德語進修班，誰能獲此機會，完全由科領導決定。通常只有最具發展前途的人才能被送到該進修班學習。進修班每周上三次課，每次 2 個小時。最初每班為 8 至 10 個人，每屆 4 年。進修班嚴格實行優勝劣汰原則，所以結業時，即便只剩下一半也算是很不錯了。普丁順利從進修班結業。

1984 年，已經升任少校的普丁被保送到了紅旗學院。對 KGB 許多青年軍官來說，這可是夢寐以

求的事。作為培養情報人員的學校，紅旗學院的教學原則是學以致用，所教的東西全是未來情報官日後在工作中實用的技能。這裡的訓練沒有半點摻假，也沒有一絲溫情主義，老師教得很具體，目的很明確，要求極嚴格。專家還為學員們講授各國文化、風土人情、民族特徵和歷史。訓練項目種類繁多，從鑽坦克（在沒有濠溝的場地，好幾輛坦克對人迎面駛來，此時必須迅速、準確的往坦克下面鑽，貼緊趴著地面不動，以免不慎碰到行駛中的坦克履帶）、跳傘，到駕駛汽車、射擊、徒手格鬥等等，每個項目都要求極嚴格。開車要做到完全得心應手，既能熟練駕車，又能眼觀六路，準確無誤。行駛中，教官可能

KGB 生涯為普丁披上了一層神祕的面紗，他的目光常常讓人感到深不可測，難以捉摸。

會冷不防的問學員跟在後面行駛的汽車牌號。教官的話剛問完，學員就得一絲不差的讀出來！教官還會命令學員在林間曲折的小道上快速倒車，即使這時天空突然下起了淅淅瀝瀝的小雨，這種訓練也不能停下片刻。在這些項目上，普丁都表現得很出色。他會駕駛各種汽車，能完善的使用各種槍械。在一次跳傘訓練中，普丁一個同伴的傘繩斷裂，他還使出自己擅長的柔道招數，趁勢幫了同學一把，使他安全著地。

在紅旗學院，所有學員統統都用化名，起先不少學員因為不習慣，一不小心就說溜了嘴，暴露了真名，但普丁從來不失誤。每天清早，學員們都得早早起床跑步，但普丁從一開始就想方設法的躲避，代之以獨自一人去學校游泳池游泳。

普丁在紅旗學院的訓練雖然緊張嚴格，過的是一種嚴酷的苦行僧式生活，但也有輕鬆的時候。他與同學一起踢足球，和同學一起過生日，玩得投入而開心。身為班長的普丁還經常帶領一幫同學向老師請假，謊稱鍛鍊身體，然後悄悄的跑到附近的村子，向村民購買私釀烈酒。他們躲進茂密的樹林裡，坐在樹樁上，就著當地村民送的鯡魚，一邊品嘗烈酒，一邊欣賞四周的美景。令人驚奇的是，每次大家都能掌握分寸，盡力克制自己，從來沒有一個人喝醉過。

謎一樣的普丁，撩撥起許多人的好奇心。

職業間諜

1985 年，普丁從紅旗學院受訓後，即被 KGB 派往東德德勒斯登從事間諜活動，這是世人共知的事實。然而，普丁在德國究竟是怎樣展開間諜活動，以及他間諜生涯的表現如何，則仍是一個人們希望瞭解的謎。英國《星期日泰晤士報》刊登了一位曾在 1980 年代受普丁控制，直接為其提供情報的M特工的文章，披露了普丁到德國從事間諜生涯一些鮮為人知的內幕。

M特工的公開身分是東德前刑事警察督察官，而實際上他是具有 10 年 KGB 生涯的地下特務人員，主要從事隱蔽戰線的工作。1985年，他首次在東德德勒斯登的一幢公寓裡見到普丁，他對普丁的第一印象遠遠談不上滿意。M特工說：

「普丁的前任，也就是我的前上司 KGB 情報處官員介紹我們相識。」「由於普丁是一位剛出道的新手，於是我就向他詳細介紹了在德國從事間諜活動應注意的情況。顯然，他一點經驗也沒有。這是他第一次赴海外從事間諜工作。他雖然對間諜理論了如指掌，但卻不瞭解具體操作時的規則。」就在見面後不久，普丁未能按時前往某地參與一次接頭活動，而那次會面是好不容易才安排好的，氣得M特工大為光火。「要知道，忘記與你負責的特工接頭，就等於犯了有可能危及那名特工生命安全的大錯誤。」他說：「我警告普丁，除非他克服不良行為，否則我就立即不幹了。」但普丁天生就是一個 KGB 的可塑之材，不

久之後，他的努力就使M特工變得溫和起來。然而在另一個場合，他又出了岔。那天普丁去遞交一個由 KGB 設計安裝的無線電裝置，該裝置內部配有一個祕密的錄音裝置和一個尖端的定時器。據稱，這個無線電裝置是設計用來在祕密特務工作中使用的，可是普丁不得不承認，他不知道怎樣操作這個裝置。M特工說，普丁有 5 年時間是他的首領，但他開始時幾乎很少說話，總是尋求建議。M特工說：「他是一個典型的俄羅斯人，在守時方面存在著問題，可是那個現象不久便改變了。他對德國人的工作精神崇拜有加，他成了一個一學就會的人，而且作風變得很迅速、敏捷。」於是，這兩個人建立了一套嚴格的控制系統，好保護M特工

的身分，他們有 10 幢「安全」的屋子用作會面之地，一旦情況有變化，他們透過其他方式進行接觸聯繫。在沿易北河的一條小路上有一個接洽點，M特工每晚都在那裡慢跑。他往往將一個壓扁的啤酒罐或一個香煙盒扔在一個事先約定好的地點，這些東西是用來隱藏或傳遞加了密的電文，或者將情報藏在像石塊形狀的水泥塊裡，打碎這些水泥塊，就可提取情報了。如果普丁辦公室裡的電話響 3 聲，那就是M特工需要緊急見他的信號了，普丁會準時在 60 分鐘內抵達接頭的地點。M特工說，在他在德勒斯登的日子裡，普丁至少還與另一名東德的 KGB 特工聯繫，他是從當地的打擊犯罪緝捕隊中招募的。儘管普丁剛涉入間諜領域時表現令人不

KGB 的身分為普丁的內外政策帶來了謎一
般的感覺。

滿意，但Ｍ特工說：「他漸漸成為非常有效的自我控制者。隨著普丁越來越出色，他變得更加雷厲風行，他總是竭力的控制自己。我漸漸的更了解他了。幾乎沒有事能夠難倒他，也幾乎沒有事可以得罪他。」「他不是個酗酒者，也不抽煙；他不愛錢，也不好色。他總是在控制著自己的感情，他總是將祕密藏在心頭。他一定有弱點，但我就是不知道這個弱點是什麼！」

KGB的身分為普丁的內外政策帶來了謎一般的感覺。有人說你很難知道明天普丁要幹什麼！普丁成為代總統後，他的KGB背景使西方對他充滿疑慮。西方主要國家的外長紛紛造訪莫斯科，以觀察普丁，試圖摸清他的底細。有人說普丁把KGB的背景帶到了他的政府，根據有關報導，普丁身邊以及國家安全委員會中，擁有KGB和軍隊背景的成員比例一度高達60％。2004年3月5日，俄羅斯國家杜馬（國會下議院）通過了普丁總統對於弗拉德科夫的總理提名。和前任總理卡西亞諾夫不一樣，人們說弗拉德科夫可能也是一名KGB。在弗拉德科夫的個人簡歷中，有整整一年的時間是空白的，因此有分析家指出，這一年的歷史空白意味著他和普丁政權中的大多數人一樣，都具有前KGB祕密特務工作的背景，因為這一年的空白，正是他接受KGB祕密訓練的證據。

在放棄了一個又一個接班人之後，葉爾辛最終選擇了普丁。

政壇黑馬

1999 年普丁成為總理，在巨頭林立的俄羅斯政壇上，很多的俄羅斯民眾並不清楚普丁是何許人。儘管他 1996 年就來到了莫斯科，儘管他已經當上了總理、代總統，普丁起初還是被當作一個「謎」來看待。人們說他是一匹政壇黑馬，其實，普丁這匹政壇黑馬是從 1990 年就開始起跑了。那年 1 月，對 KGB 前途灰心喪氣的普丁離開德國，回到了他的家鄉列寧格勒，並在母校謀到了一個職務，擔任副校長的外事助理。一天，普丁在列寧格勒大學辦公大樓的走廊上碰見了他的恩師，時任列寧格勒市蘇維埃主席的索布恰克。索布恰克問普丁是否願意到他手下工作，普丁爽快的答應了。這幾句談話，決定了普丁的後半生。對普丁來說，這是一次重要的機遇，而他敏銳的抓住了這次機遇，如果他當時沒有接受索布恰克的邀請，很難想像他會成為今日的俄羅斯領袖。在索布恰克手下，普丁整整工作了 6 年，從外事顧問一直做到副市長。這期間，他勤奮工作、低調為人、不講報酬。索布恰克後來說：「我們共同工作了 6 年，普丁從不向我伸手要榮譽、地位和獎金。」不過在此期間，普丁積累了豐富的政治、行政和管理經驗，包括與媒體打交道的經驗，為他後來在莫斯科迅速打開局面奠定了牢固的基礎。

1996 年 5 月，索布恰克競選

老人與新人，一樣好心情。

市長失敗，出於對恩師的忠誠，普丁拒絕到新市政府工作，他失業了。但這時的普丁已是蓄勢待發，他很快就被提拔到莫斯科工作，此後他就開始一路高升，直到成為克里姆林宮的主人。1997年任總統辦公室副主任兼總統辦公室監察總局局長；1998年7月25日起擔任俄羅斯聯邦安全局局長。聯邦安全局是蘇聯解體後取代KGB的安全情報機構，普丁能夠擔任這一要職，說明了葉爾辛對他的充分信任，也有人說他是重回KGB。普丁執掌安全局之後，首先建立了自己的班底，他的第二個大動作是精兵簡政。安全局總部有6000名工

普丁夫婦與葉爾辛。

躊躇滿志的普丁，懷抱著重振俄羅斯的夢想。

作人員，普丁大刀闊斧的精簡為4000人，整整裁去了三分之一，同年任俄羅斯安全會議常務委員。1999年任安全會議祕書，同時保留聯邦安全局局長的職務。安全會議是葉爾辛最主要的政治諮詢機構，普丁由此成為俄羅斯第一位集國家兩個強力部門領導於一身的人，這再一次反映出葉爾辛對他的信任。葉爾辛曾經屢次更換總理，為了找到合適的總統候選人，切爾諾梅爾金、涅姆佐夫、基里延科、斯捷帕申、普里馬科夫都被罷免，普丁在最後一刻成為葉爾辛唯一的中意者。普丁於1999年8月榮登俄羅斯總理的寶座，隨著俄軍在車臣戰爭中的節節勝利，普丁的威望亦水漲船高。1999年12月31日葉爾辛閃電請辭，普丁發表了出任代理總統後的首次聲明，他表示將保持政策的連貫性，並且以發展經濟為重點。2000年的俄羅斯總統大選中，普丁當選總統，正式入主克里姆林宮。

2004 年 3 月 15 日，贏得選舉勝利的普丁在克里姆林官舉行政府成員會議。

一場只有金牌的競賽

2004 年 3 月，俄羅斯開始新一屆總統大選。在這場幾乎沒有任何候選人可以與之對抗的選舉中，普丁一枝獨秀，再登總統寶座。成功連任的普丁得票率遙遙領先，其他幾位候選人的成績根本無法與之相提並論，這樣的結果從一開始就已經注定。按照媒體的說法，這是一場只有金牌的競賽。在這次選舉的候選人提名階段，許多專家都分析指出，由於現任總統普丁的支持度保持在 70%左右，獲得連任幾乎不成問題。很多人都認為，俄羅斯的這次總統選舉因為沒有可與普丁相抗衡的對手而將會是一場乏味的選舉。對此，普丁自己也是胸有成竹，他並不擔心什麼人和他競爭總統寶座，因為誰參加都無法影響大局。相反的，普丁最擔心的是參加總統選舉的人數銳減，如果參選者

普丁視察海軍艦艇。

普丁慰問海軍士兵。

只剩下他一人，就會給人一種強勢壓人的印象，即便順利當選，他的形象也會受到一定損傷，而他要做到以效果最佳的方式蟬聯總統。普丁的自信使他很少以總統候選人的身分展開活動，甚至拒絕參加電視辯論，但他在競選階段作為現任總統的一系列活動，照樣引起俄羅斯選民和全球的關注，成為俄羅斯總統選舉中最引人注目的一道風景。

普丁先是在俄羅斯軍方2月中旬舉辦的大規模聯合軍事演習的過程中，不顧北極地區的刺骨嚴寒，親臨位於極地地區的北方艦隊，並登上在巴倫支海參加演習的潛艇，和艦隊官兵一起進餐。普丁在觀摩大規模軍事演習的同時，瞭解海軍官兵的生活和工作狀況。雖然北方艦隊在演習過程中出現了潛艇沒有能夠將預先準備發射的導彈

發射出去等失誤，但普丁關心普通士兵和敢於冒險的英雄主義魅力，再次得到俄羅斯老百姓的讚賞。結束了在北方艦隊的視察之後，普丁又馬不停蹄的趕往普列謝波克航天發射場，觀摩在那裡舉行的導彈發射演習。在2月24日宣布解散政府的第二天，普丁就飛往遠東哈巴羅夫斯克市，為赤塔到哈巴羅夫斯克之間公路幹線的一個通道啟用典禮剪綵。早在1966年，當時的蘇聯政府就決定修建一條從歐洲直達遠東海港海參崴的公路幹線，但是一直沒有得到落實。在普丁當政後的2001年，這一建設得到政府的大力推動，於後在2010年完工。普丁去參加剪綵，無疑是給當地政府送大禮，同時也突顯普丁對地方的關懷和實幹作風，有利於他贏得地方一般選民的支持。雖然普丁沒

2004 年 3 月 14 日，俄羅斯第四屆總統選舉正式揭開序幕，普丁及其夫人正投下神聖一票。

有參加中央選舉委員會舉辦的總統候選人電視辯論會，可是他在電視上出現的頻率比任何一位候選人都高，他的一舉一動也成為廣大俄羅斯人議論的話題，大選變成普丁的獨角戲，讓好事的媒體很不甘心。

所以另一位候選人雷布金的突然失蹤，著實令許多人精神大振，一時間傳言四起，猜測紛紛，為原本有些乏味的大選平添了些許熱鬧，也讓普丁的對手們心存僥倖。5 天以後，雷布金滿臉倦容的出現了，他

告訴大家自己去朋友那兒渡假了，各種流言不攻自破，而這也另一方面證明普丁的當之無愧。據說雷布金不負責任的行為讓他的夫人大為火大，直斥其「不是當總統的料」。

普丁贏得了 2004 年的俄羅斯大選，可以說贏得漂亮至極，有 64.3% 的選民投票，投票率之高出人意料，表現了俄羅斯選民較高的政治熱情，也反映普丁的旺盛人氣。普丁在宣布自己競選獲勝後表示，如此高的得票率是廣大選民對其第一任總統任期的積極肯定，也為他做好今後的工作增添了信心。

3 月 14 日當天，普丁攜夫人一起投票，他從會場出來的第一件事，就是去俄羅斯拳擊隊訓練基地，視察運動員如何備戰 2004 年雅典奧運會，並與拳手們切磋技藝。這似乎是在告訴人們，他不屑在大選中和那些對手們過招，他真正的對手在拳擊台上，那裡需要意志、力量和技巧。或許他還想告訴人們，大選已經過去，行動已經開始。

2004 年 3 月 14 日，普丁視察俄羅斯拳擊隊，並與奧運拳擊冠軍 Fetisov 過招。3 月 15 日凌晨，俄羅斯中央選舉委員會宣布，普丁蟬聯俄羅斯總統已成定局。

強力鐵腕總統

新俄羅斯思想

普丁能夠贏得廣大俄羅斯民眾的信賴，不僅是由於其樸實無華的平民風格，更是由於他的治國思想符合俄羅斯的現實需求與發展趨勢，符合俄羅斯民眾的物質與心理需求。普丁執政以來，將俄羅斯的歷史傳統、當今的社會現實和未來的發展方向巧妙的揉合在一起，提出能夠為大多數俄羅斯精英與民眾所接受的「新俄羅斯思想」。

新俄羅斯思想的第一面旗幟就是「弘揚俄羅斯歷史傳統」。普

普丁面晤宗教界人士。

丁上臺後，一改戈巴契夫和葉爾辛對俄羅斯歷史，特別是蘇聯歷史妄自菲薄的態度，明確表示「毫無意義的否定歷史，將使整個民族數典忘祖」；蘇聯時期有某些領域值得驕傲，「看不見，甚至否定這一時期不容置疑的成就是錯誤的」。普丁還強調，只有將全人類的普遍價值觀與俄羅斯的傳統價值觀適度的結合在一起，俄羅斯的未來才有希望。在這種思想的指導下，普丁決定在聯邦安全局總部重新樹立安得洛波夫（前蘇聯書記）的雕像，使安全部門的工作人員重新獲得久違的光榮感與自豪感。在勝利節的慶典上，他讓 5000 名來自前蘇聯 15 個共和國的老戰士走在閱兵式的最前列，使經歷 10 年生活磨難的俄羅斯人重溫昔日戰勝法西斯的無限光榮。他最終拍板將蘇聯國歌的曲調定為俄羅斯國歌，使那激昂的旋律重新振奮了俄羅斯人的精神。同時，普丁充分肯定東正教在培養人的道德與精神方面所起的作用，不僅自己經常去教堂，還經常就重大決策徵求已故的大主教阿列克西二世的意見。

新俄羅斯思想的第二面旗幟是「愛國主義」。普丁自幼就受到愛國主義啟蒙教育，從小就立志要報效國家。當他發現，一個情報員往往能夠做到整個軍隊都做不到的事情時，便義無反顧的加入 KGB。在一次訪談中普丁坦言：「俄國的訓練只有一項，就是愛你的國家。」普丁強調：「愛國主義是人民英勇和力量的源泉，喪失愛國主義精神，就喪失了民族自豪感和尊嚴，也就將失去能夠創造偉大成就的人民。」愛國主義在普丁的內外政策中體現為「國家利益至上」。正是由此出發，在車臣問題上，普丁寧願冒著與西方決裂的危險也不允許俄國蒙受屈辱，寧願背負「暴君」的惡名也不願看到分離主義分子與恐怖攻擊的存在。在國際關係中無論是進

普丁向俄羅斯民眾宣布自己的治國綱領。

還是退，普丁首先考慮的也是國家利益。儘管美國對伊拉克早已磨刀霍霍，但考慮到俄羅斯在伊拉克的巨大經濟利益，普丁始終堅持反對美國對伊拉克動武的立場。普丁的這種態度贏得外國領袖級人物的尊重，不僅布萊爾、施若德對普丁十分敬重，連布希也承認，一看到普丁的眼睛，就可以感覺到他的坦誠。

新俄羅斯主義的第三面旗幟是「拋棄帝國思想，全面融入世界」。普丁曾在東德工作 5 年，經常走訪西德、瑞士等先進國家，對西德的社會和經濟運作有切身的體驗，對德式社會市場體制有特別的好感。這種海外經歷使普丁具備了寬廣的國際視野，也使他更深刻的體會到以往俄羅斯自我封閉、與世界發展脫軌的後果。普丁認識到，歷史上長期形成的帝國觀念不符合俄羅斯的真正國家利益與當今世界的現實，俄羅斯只要務實的考慮問題就能無往不勝，而在帝國思想占上風或自譽為救世主時就必然失敗。普丁曾公開表示，帝國思想和對外政策意識形態化給俄羅斯帶來的是「國困民窮」，他對扭轉俄帝國衰落不抱幻想，而是要將「國強民富」作為國家政策的根本目標。在放棄帝國野心的同時，普丁將俄羅斯定位於「不屬於當代世界最高經濟和社會發展水平的國家」，承認俄羅斯與先進國家的差距越拉越大，認為俄羅斯曾面臨淪為三流國家的危險。同時，普丁明確強調，俄羅斯人民的生活富裕與國家的強大必須與世界的發展緊密的聯繫在一起，俄羅斯必須全面參與世界經濟一體化，並在不同文明的對話與合作中實現俄羅斯的利益。他指出，理想的世界秩序應是公正、民主的，反對美國獨霸的國際現況，主張多極強權的發展。在他主導下，俄羅斯已成為 G8 的一員。

普丁在車臣前線與官兵們合影。

「哪裡有匪徒，我們就打到哪裡！」

車臣是俄羅斯的一個心病，在葉爾辛主政的年代，1994 年的第一次車臣戰爭，在 10 萬人死亡的屠殺慘劇後，衝突不但從未就此消失，反使車臣的伊斯蘭原教旨主義分子得勢，而車臣獲得了事實上的獨立。這一結果不僅給俄羅斯的政治形勢留下巨大隱患，也給俄羅斯人的心理帶來極大的傷痛與不止歇的恐怖攻擊。俄羅斯人普遍希望出現一位鐵腕人物來徹底解決車臣問題。這時候，普丁出現了，他喚起了人們的希望。

1999 年 9 月，由車臣武裝分子頭目巴薩耶夫和國際恐怖分子哈塔卜精心策劃的恐怖行動，一時間震驚了俄羅斯朝野。這群殺人如麻的恐怖分子，先是策劃武裝進犯鄰近的塔吉斯坦共和國，試圖建立所謂的大伊斯蘭共和國，之後又在莫斯科和俄羅斯南方的幾座城市製造恐怖行動，致使幾百名無辜平民死

戰士普丁。

普丁在莫斯科與車臣代表舉行會談，在對車臣恐怖分子給予軍事打擊的同時，謀求透過政治途徑解決車臣問題。

於非命。當普丁目睹莫斯科接連發生兩間民房爆炸案的慘況之後，便從牙縫裡冒出一句嫉惡如仇的話：「哪裡有匪徒，我們就打到哪裡！如果在廁所裡抓到土匪，就直接把他們塞進馬桶裡。」此時是普丁擔任俄羅斯總理的第 2 個月，他請求葉爾辛總統賦予他指揮行動和協調各部門的全權，並馬上開始扭轉各個部門的工作局面，採取果斷措施，展開大規模的軍事行動，對車臣恐怖分子堅決的給予打擊。

1999 年 12 月 31 日，葉爾辛宣布辭職，任命普丁為代理總統。在擔任代總統後的第 2 天，也就是 2000 年元旦，普丁即與夫人一起飛赴車臣前線，犒勞參戰的將士，雖然存在生命危險，但普丁及夫人並沒有因此而退縮。在士氣高昂的士兵們面前，普丁身穿帶風帽的紅色翻領滑雪服，顯得神采奕奕。他親自為官兵們頒獎，並向官兵們贈送了一把刻有「俄羅斯總理贈送」字樣的獵刀。在戰火尚未平息的車臣首府格洛茲尼附近的一個小鎮上，普丁對官兵們發表談話，他溫

普丁和夫人在車臣前線慰勞士兵。

日理萬機的普丁。

文爾雅的妻子就站在他身旁。普丁說：「這不只是一個恢復俄國榮譽和尊嚴的問題，更重要的是，它事關遏制、結束分裂俄羅斯聯邦的企圖。這才是主要任務，俄國感謝你們。」2000年3月20日，普丁更是親自駕駛一架軍用飛機來到車臣首府，並鄭重宣布，車臣武裝分子只有放下武器才能與俄羅斯中央政府談判。普丁對前線官兵的慰問和視察，給了前線將士極大的鼓舞，也向世人表明他維護國家統一的決心。

普丁打擊車臣恐怖分子的強硬立場，贏得俄羅斯人民的普遍支持，也使他成為車臣恐怖分子的眼中釘、肉中刺，他們揚言要對普丁進行報復襲擊，甚至在網路上懸賞250萬美元，追殺普丁。2000年3月，普丁的恩師索布恰克猝然病逝，車臣恐怖分子計劃在葬體上暗殺普丁，但普丁還是參加了恩師的葬禮。由於安全工作做得滴水不漏，恐怖分子並沒有得手。

普丁打擊金融寡頭的舉措收效顯著，俄羅斯金融市場漸趨穩定。

重擊金融寡頭

普丁的「強力總統」形象不僅表現在車臣戰爭中，從他重拳出擊金融寡頭非法行為的行動中也可見一斑。

「寡頭」產生於葉爾辛時代，是俄羅斯催生私有化進程中十分特殊的產物，寡頭干政早已成為俄羅斯政治進程中的重要現象，也是導致國力衰敗、民眾不滿的重要原因。

普丁與寡頭的關係十分複雜。毫無疑問，普丁是葉爾辛欽定的接班人，這是他得到寡頭支持的重要原因。寡頭們這樣做與其說是支持普丁，不如說是支持葉爾辛及其路線。換句話說，寡頭們與其說是支持普丁，不如說是為了今後控制普丁，其目的還是為了維護自身的最根本利益。在 2000 年普丁競選總統那段時間裡，寡頭們對普丁所採取的政治策略是，利用原有與葉爾辛「家族」之間的密切關係，積極靠向普丁，力圖束縛住他，進而

儘管遇到重重阻力，但普丁打擊金融寡頭的決心不曾動搖。

控制他。但寡頭們很快就明白了，普丁不是葉爾辛，要控制他可沒那麼容易。他針對寡頭的種種做法，不像是葉爾辛的繼承人，倒像是其對手。

一號寡頭別列佐夫斯基曾預言，如果普丁當選總統，則俄羅斯寡頭政治家的影響力將會增強，那些追隨葉爾辛「家族」的金融家和顧問們將會繼續在新政權中發揮強而有力的作用。他還認為，普丁是繼續葉爾辛市場改革的最佳總統候選人。他預測，在普丁領導下，最大的幾家公司將會獲得更大的發展，力量甚至會更強大。但是，後來事實證明，這位葉爾辛時期的俄羅斯政治「教父」失算了。

普丁當選總統之後，不管如何謹慎行事，他都回避不了寡頭問題。正如俄羅斯學者所指出，普丁作為國家領袖，他的未來取決於他是否有能力解決寡頭問題。有人寫道：「如果他不僅善於遠離寡頭並與他們保持同等距離，而且還切斷

寡頭們發財的行政和經濟資源的話，那我們就有救了。但是，如果普丁沒有找到完全適合的、行之有效的解決這個問題的措施，那麼我們就未必還會有保持文明發展的機會。」

為了國家的最高利益，普丁向金融寡頭們宣戰了。他毅然採取強硬措施，對金融寡頭們進行重擊。2000 年將大亨古辛斯基和別列佐夫斯基驅逐出國；2003 年又將霍多爾科夫斯基押至拘留所。除此之外，2000 年，普丁政權又迫使波塔寧向國庫上繳 1.4 億美元的罰金，以懲罰其在私有化過程中的壓價行為。這樣做就是給寡頭們上「示範課」，要求寡頭們今後奉公守法，合法生財。

「法律」是普丁「整治」寡頭的一個工具。早在 2000 年普丁就表示，絕不允許寡頭要挾國家，如果寡頭這樣做，他將毫不猶豫的使用國家工具打擊。

普丁打擊寡頭有一個鮮明的特點，即「修理」的都是那些干政亂

面色冷峻的普丁從儀隊列前走過。

權的寡頭，而「修理」的方式毫無例外的是從「經濟問題」入手來解決寡頭的「政治問題」，這是普丁整治寡頭的一個重要特點。無論整治古辛斯基和別列佐夫斯基，還是整治霍多爾科夫斯基，普丁都是運用這一手法，這表明普丁對阻止寡頭干政已經有一套比較成熟的想法。

普丁針對寡頭的種種做法使他受到許多人的歡迎，也使一些人對他懷恨在心。不過，重擊之下，那些曾經不可一世的寡頭們也不得不低頭認輸。當然，普丁並不是反對所有寡頭，對於那些不干政的寡頭、遵紀守法的寡頭，普丁採取的是利用和安撫的政策。這同樣是出於對國家利益的考慮，因為普丁深知，寡頭對俄羅斯政治、經濟和社會都會產生深刻的影響。

質樸的實幹家

2003 年 12 月 30 日，普丁在克里姆林宮向俄羅斯人民發表新年祝福賀詞。

接手「爛攤子」

千年之交，普丁臨危受命，出任俄羅斯總統一職，這時的俄羅斯正處於一個非常困難的歷史時期。葉爾辛自1992年開始實施的「休克療法」（包括開放物價、緊縮財政和貨幣政策、大規模私有化三大要點）並沒有為俄羅斯帶來預期的繁榮和發展，反而使俄羅斯社會陷入空前的動盪：盧布持續貶值、國內生產總值大幅度下降、工廠倒閉、物價飛漲，普通百姓的生活水準一落千丈。到葉爾辛主政後期，俄羅斯有些地方的失業率高達50%-60%，貧富差距驚人，10%的最高收入階層與10%的最低收入階層收入差距竟然達到14倍。由於盲目實行「私有化」進程，一些大財閥，特別是金融寡頭全面操縱政府的財政金融政策，透過各種手段肆意侵吞國家資產，導致國家稅收大幅減少，財政赤字嚴重。更為嚴重的是，葉爾辛政府為了保證寡頭們的利益，一再拖欠巨額的工資和養老金。這樣的社會情況，被

威嚴的普丁和他的內閣班底正召開會議商討國是。

普丁在辦公室簽署文件。

美國著名經濟學家薩繆爾森稱為是「一種罪惡的資本主義」。

　　普丁本人很清楚自己面對的是一個什麼樣的「爛攤子」。1999年12月30日，普丁發表了《千年之交的俄羅斯》一文，坦言俄羅斯面臨嚴重的困境，有真正淪為二三流國家的危險。他承認，如果將俄羅斯比做一個家庭的話，它的日子很不好過，社會上很多人在艱難度日、勉強糊口。有人形容說：「普丁總統就像一位外科醫生，開刀後發現病人的身體已千瘡百孔。」

　　但普丁就是普丁，他自有一套解決辦法，就在《千年之交的俄羅斯》這篇文章中，普丁已開始向世人透露自己的治國思想。他鄭重宣告，俄羅斯要結束葉爾辛時代對西方的過度倚賴，尋求獨立的發展道路。他寫道：「每個國家，包括俄羅斯都必須尋找自己的改革之路……只有將市場經濟和民主原則與俄羅斯的現實結合起來，才會有光明的未來。」

忙碌的普丁。

普丁登高的步伐穩健而有力。

普丁「新政」

普丁果然說到做到，他一上任，就從恢復憲法秩序、整頓聯邦體制入手，揭開了「新政」的大幕。

為了維護俄羅斯的統一，恢復中央的威權，普丁首先出兵車臣，打擊恐怖主義、分離勢力和極端分子。普丁採取的第二步行動，是加強政治控制，防止地方勢力做大。普丁就職不久便決定在俄羅斯89個地方行政主體基礎上成立7大聯邦區，由總統親自任命代表管理。7個聯邦轄區與俄大軍區區劃相似，從內務部獨立出來的武裝警察「內務部隊」也在7個聯邦區總統代表所在地設立分部。另外，中央還向7個聯邦區派駐審計代表，以監督和審查各地執行中央預算和財政情況。普丁決意結束地方勢力各自為政的局面，削弱地方政治勢

力，確保政令暢通，這些措施收到了顯著成效。

普丁執政後注意引導輿論，加強對媒體的控制。對於一些報刊媒體受制於私人財團或寡頭的情況，普丁多次表達擔憂。於是，官方透過股權調整，對幾家電視台進行整頓，迫使個別寡頭放棄對一些媒體的控制。針對「寡頭參政、操縱輿論、瓜分財富」的情況，普丁強調，國家權力不應被他們收買或私有化。2000年，普丁開始巧妙向寡頭勢力出擊，迫使古辛斯基和別列佐夫斯基等曾紅極一時、橫行霸道的寡頭移居國外。

普丁認為，俄羅斯行政體制不改革，俄羅斯就難以建立有效的權力體系，也不能形成一個廉潔、高效的行政團隊。行政改革不僅限於

中央政府，還包括地方整個行政體系。普丁強調，這裡不需要革命，也不是要開除或解聘某些官員，之所以對每個改革方案進行認真研究和論證，目的是為了加強行政效率。2001 年初，普丁調整了一些政府強力部門（俄羅斯把負責保衛國家安全和社會穩定、下屬有軍事力量的部門稱為強力部門）的人事安排，精簡強力部門的人數，在原安全總署的基礎上建立國家安全部。普丁歷數官僚無端干預企業經營的種種表現和危害，在輿論界引起強烈回響。普丁提出，其他國家的公民可以享受正常的自由經濟，俄羅斯人在自己的國度也應有權擁有。經營活動應當自由化，官員應放鬆管制和無謂的監督，讓資本自由流動。

2001 年，在普丁總統的大力支持下，俄羅斯政府經濟部部長格列夫提出「經濟活動非官僚化」的主張，旨在大大縮減各部門的審批權力，減少審批或登記的經營項目，為企業經營創造自由寬鬆的行政環境。2001 年上半年，由俄羅斯政府經濟部向國家杜馬（國會下議院）提出 14 項法律修正案，目的是防止官員干涉企業活動，簡化手續，減少各種檢查和批覆。結果，俄羅斯需要審批的經營項目由原來的 500 多個減少為 102 個。同時，俄羅斯新的《稅法典》獲得通過，全俄羅斯實行統一 13％的所得稅。普丁堅持把俄羅斯企業的利潤稅下調為 24％，取消或合併過多的稅種。

在普丁的敦促下，俄羅斯政府和有關方面開始對自然壟斷部門進行改組。自然壟斷行業是俄羅斯的老問題，天然氣、電力、鐵路運輸等傳統壟斷部門的改組涉及各方

面的利益，常常伴隨著激烈的政治較量和利益鬥爭。在這些複雜的過程中，普丁表現得十分穩重，強調「行業改組要以社會利益為主，而不是以公司或公司領導人的意願為主」。2001年夏天，俄羅斯宣布成立國家統一的價格和收費委員會，防止壟斷部門自行定價。

「腐敗」是俄羅斯十年改革留下的禍根，與恐怖主義一樣是俄羅斯之大害。普丁上台之初，一些政治謀士就曾建議普丁要高舉反腐敗之大旗。真正的反腐行動在2001年夏天後開始，俄羅斯檢察院、審計委員會對政府各個部門展開深入調查，甚至連總統辦公室事務管理局也不放過。

在法制建設與改革方面，法律系畢業的普丁強調要先理順立法關係，修改各部門與法律不符的規章，加強法院的地位，提高法院審判效率，同時對法官嚴格的監督，提高法官的薪資，防止權力或黑社會拉攏和影響法官對案件的審理，至2002年，法官的薪資提高了40%-50%。

多年來，俄羅斯在政治運動方面轟轟烈烈，但社會領域的改革卻一直未有所行動。俄羅斯居民的房屋修繕、水、電、煤氣等仍基本沿襲蘇聯時期的管理體制和方法。普丁出任總統的第2年便開始對土地、稅收、海關、預算體制、勞動領域、公用事業、教育、養老金等方面進行改革。

俄羅斯分析家指出，雖然社會領域的改革困難重重，但普丁能著手改革就已經難能可貴。相對於過去戈巴契夫或葉爾辛習慣提出的宏大綱領和計劃，普丁的改革措施似

117

普丁參觀莫斯科電影製片廠。

乎顯得過於安靜和平淡，但轟轟烈烈的大革命往往為俄羅斯帶來的不是災難，就是表面文章。如此看來，普丁的「水滴石穿」策略可能更適用於積重難返的俄羅斯社會。

不做表面文章，埋頭解決問題，充分反映了普丁的務實追求。一些西方記者曾向普丁提出「普丁先生是什麼樣的人？」的問題，普丁笑著回答：「最好不要讓我回答這個問題，其實像您這樣聰明的記者心裡清楚。首先我自己不願給自己做評語，更不喜歡貼上這樣或那樣的標籤。況且談論一個人，不應看他自己說自己什麼，而應觀察他的行動。」

熟知普丁的一個同學這樣評價他：「普丁為人十分內斂，很少出鋒頭，很少透露自己的真實想法，但他是一個實幹家。」

普丁在第十三屆俄羅斯企業家大會發表談話。

普丁視察部隊。

普丁接見老兵。

危機解決聖手

自普丁執政以來，俄羅斯各種危機不斷，恐怖攻擊、沉船、墜機……，面對一連串的突發事件，普丁表現出獨特的意志和能力，成功化解了一次次危機，被媒體稱為「救火總統」。

普丁擔任總統伊始，剛剛下決心要進行軍事改革，2000 年 8 月 2 日，在北冰洋參加軍事演習的俄羅斯北方艦隊「庫爾斯克」號核潛艇就沉沒在北冰洋的巴倫支海。第一次以總統身分面對突發事件，普丁似乎還不適應，他沒有中斷在索契的休假，迅速向人民說明情況，因此遭到各種批評。普丁承認，自從「庫爾斯克」號沉沒後，俄羅斯民眾對當局的信任程度有所降低。不過，普丁很快許諾一定會把「庫爾斯克」號打撈上來。儘管後來由於北冰洋惡劣的氣候，所有的營救行動不得不以失敗告終，但不管如何，普丁這項表態為他挽回了聲譽，是他樹立親民總統形象一個好的開端。

不久，莫斯科奧斯坦金諾電視塔發生大火，普丁迅速與通訊部長就恢復廣播和確保緊急服務通訊的問題交換了意見。普丁說，這場大火反映了俄國的整體現狀。他強調，只有發展經濟才能避免類似事故的發生。普丁的這一反應，可謂恰如其分。

2001年的俄羅斯被空難籠罩。7月3日晚間,俄羅斯遠東城市海參崴航空公司一架圖-154客機在即將中轉的過程中失事墜毀,機上共有乘客和機組人員140多人。這是俄羅斯近年來最嚴重的一次客機墜毀事件。當地時間4日凌晨,普丁下令成立一個由副總理率領的特別調查委員會,以調查這起飛機失事的原因,可以說非常及時也非常重視。

同年10月4日,一架由以色列飛往新西伯利亞的俄羅斯班機由於烏克蘭軍事演習失誤,在黑海上方墜毀,機上78名乘客及機組人員全部喪生。普丁在墜機事件發生後,立即在克里姆林宮召開緊急會議,並委任安全理事會主管領導一個調查團,調查墜機事件。

第二次車臣戰爭結束後,車臣恐怖分子不甘失敗,開始到處製造事端,進行恐怖襲擊活動。2002年8月19日,俄羅斯一架米-26軍用直升機被車臣武裝分子擊落,導致100多名俄軍士兵死亡;2002年10月23日,車臣武裝分子衝進莫斯科劇院,共劫持了800名人質,並提出許多俄羅斯政府根本無法接受的要求;2002年12月27日車臣恐怖分子製造車臣共和國政府大樓爆炸案,釀成72人死亡、100多人受傷的慘劇;2003年5月12日,一名車臣恐怖分子駕駛裝有炸藥的卡車,強行闖入納德捷列奇諾

普丁向莫斯科一家醫院的醫護人員詢問獲救人質的情況。

耶區政府大樓並引爆炸藥,這一事件又導致 50 多人死亡、200 多人受傷⋯⋯直到 2010 年 3 月黑寡婦恐怖攻擊、2011 年 1 月莫斯科多莫傑多沃機場發生自殺式炸彈爆炸等等。對這些事件,普丁都迅速做出反應,採取果斷、有效的措施,堅決不與恐怖主義分子妥協,充分體現普丁的大將風度,使他再一次贏得俄羅斯人民和世界的認可。

2003 年 9 月 29 日,俄羅斯克拉斯諾達爾邊疆區在事先未向烏克蘭通報的情況下,單方面開始在刻赤海峽烏克蘭宣稱擁有主權的圖茲拉島方向修建堤壩,烏克蘭對俄方的施工行為提出了抗議,並在島上布署邊防部隊,兩國關係出現危機。

由於烏克蘭與俄羅斯關係特殊,為防止刻赤海峽危機進一步升級,烏克蘭總統庫奇馬打了電話給普丁,磋商如何解決危機。普丁的表態極為關鍵,他答應讓俄方停止築壩工程,並表示俄羅斯無意破壞烏克蘭領土的完整。2004 年 1 月 23 日至 24 日,普丁到烏克蘭進行訪問,兩國正式走出刻赤海峽危機。

2004 年 2 月 14 日,莫斯科德蘭士瓦水上樂園發生屋頂坍塌事故,26 人遇難,約 110 人受傷。普丁總統在給莫斯科水上樂園事故罹難者家屬及受傷者的慰問信中表示,這一悲劇對大家來說是一個沉重的打擊,必須對事故進行徹底調查並嚴懲事故負責人。

2004 年 2 月 16 日，普丁在摩爾曼斯克海軍基地視察參加軍事演習的北方艦隊，並乘坐「阿爾漢格爾斯克」號戰略核潛艇。

　　至此，普丁幾乎圓滿的承受住所有突發危機事件的考驗。無論是面對沉沒了的「庫爾斯克」號，還是莫斯科劇院被劫持的人質，所有的突發事件不僅沒有為普丁帶來難堪，甚至還讓他的威信大增。因為他知道這些事件對俄羅斯人真正的傷害在何處，他知道用什麼樣的表態和行動可以當作療傷聖藥。

　　沉著、坦白、果敢，普丁為自己造就了一支遮擋疾風暴雨的大傘。

標準男子漢

從打架中悟出一套哲學的普丁，性格果敢、剛毅。

打架哲學

普丁有一套打架哲學，這套哲學來自他兒時的生活經歷，也來自他的特務生涯。對此，普丁本人有生動的回憶。

第一次挨揍，我感到很委屈。打我的那小子看上去是個瘦皮猴。不過，我很快便明白，他年齡比我大，力氣也比我大得多。對我來說，這件事不啻是街頭這個「大學校」

所為我上的第一堂很重要的課，而且由此使我得到一次重要的、很好的教訓。我從這一教訓中得到四點結論：

首先，是我不對。當時，那孩子只是對我說了句什麼，而我卻很粗魯的把他給頂了回去，那話簡直能把人噎死。實際上，我這樣欺負人家是毫無道理的。因此，我當場

普丁在摔角場上與對手對決。

普丁在柔道場上將持續壓制對手。

就受到了應得的懲罰。

第二，如果當時站在我面前的是個人高馬大的壯漢，也許我就不會對他這樣粗暴。因為這孩子第一眼看上去是那麼瘦弱，我才覺得可以對他撒野，但當我吃了苦頭之後，我才明白不能這樣做。我明白不論對誰都不能這樣做，對誰都應當尊重，這實在是一次有「示範意義」的教訓！

第三，我明白在任何情況下，不管我對錯與否，只要能進行還擊，就都應當是強者。可是那孩子根本就沒給我任何還擊的機會。根本就沒有機會！

第四，我應該隨時做好準備，一旦遭人欺負，瞬間就應當進行回擊。瞬間！

總歸來說，我打架，並沒有什麼魯莽和過火的舉動。不過，我從中悟出一個道理：如果想成為勝者，那麼在任何一次對決中，都要咬牙堅持到底。

此外，我明確意識到，不到萬不得已，不能輕易捲入任何衝突，可是一旦有什麼情況發生，就應該考慮可能無路可退，因此必須鬥爭到底。原則上說，這一公認的準則是後來 KGB 教我的，但早在孩提時代，在我多次打架中對此就已經非常嫻熟，掌握得很好了。

而後，KGB 教我的還有另外一條準則：如果你不準備動武，就不要拿起武器，不應該隨意恫嚇人。

普丁在柔道場上將對手摔倒在地。

只有在你決定開槍的時候，你才需掏出手槍，假設你與誰發生了衝突，但在最終決定「我現在要開槍」之前，你不要拿起武器。小時候在街頭，有時需用拳頭確定我與小伙伴們之間的關係時，我就是這樣做的。一旦你下決心打這一架，你就要堅持到最後；換句話說，「不打則已，打則必贏！」

「尊重每一個人！」、「為求勝利，先成為強者！」、「遭人欺負，立即還擊！」、「不打則已，打則必贏！」、「咬緊牙關，堅持到底！」普丁總結出來的這些打架哲學，透露著男子漢的堅定、果敢和剛毅，洋溢著蓬勃的陽剛之氣。普丁忠實的履行這套哲學，向世人展示了一個硬漢的形象。

普丁夫婦與千金。

鐵骨柔情

普丁表情冷峻、作風強悍，是一個鐵錚錚的硬漢，他的 KGB 背景使人們首先想到的是「冷酷」、「無情」等字眼，但另一方面，普丁又待人真誠，充滿愛心。普丁的愛心和家庭觀念從他的家人和他家的那隻小狗身上得到了很好的體現。雖然公務繁忙，但只要休假，他總是和家人們一起度過，和家人一起看電視節目，一起參加體育活動。他十分愛護自己的兩個女兒，關心她們的學業和成長，並為她們的進步而自豪。2002 年 12 月 3 日，普丁訪問中國時在北京大學演講，曾向學生透露了他的兩個女兒喜歡中國武

初為人父的普丁。

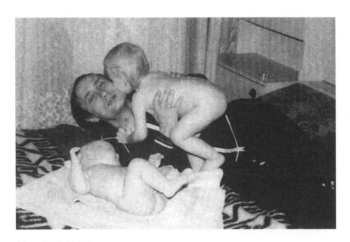

普丁父女情深。

普丁與愛犬。

術和中國文化。據說，中國少林武僧釋延康師父曾到莫斯科傳授少林武術，普丁的女兒為中國武術的神勇所折服，便拜他為師，因此有媒體稱普丁的兩位千金「文武雙全」。普丁還喜歡小動物，網路上流傳最多的便是他與家中愛犬的照片，一向給人不苟言笑印象的普丁，在照片中也露出了充滿柔情的笑容。普丁對狗狗的喜好，甚至聞名國際，2010 年底訪問保加利亞時，保加利亞總理還特別送了他一隻可愛的牧羊犬寶寶。普丁還因此開心的邀請全俄羅斯的民眾為其命名。

時隔多年，與普丁依然保持著友誼的初戀女友嘉琳娜這樣形容：「普丁知識面很廣，讀很多書，儘

普丁手持鮮花，展現柔情的一面。

管貌不驚人,但他的內心世界、情感世界異常豐富,是一個既體貼入微、充滿愛心,又不乏幽默感的男人。我就這樣迷上了瓦洛佳(普丁的小名)」。

中學時代,嘉琳娜透過妹妹認識了普丁,兩人經常逛街、約會,在大街上遇到酒鬼挑釁時,會柔道的普丁總是挺身而出,保護自己的女伴,從沒有讓她有過不安全感。在那個年代,普丁穿戴總是十分簡單,似乎沒有什麼像樣的衣服,但普丁十分大方,從不看重錢財。

如今,嘉琳娜已有自己的家庭,過著相夫教子的平常生活,但當年與普丁共同度過的青春美好時光,至今仍深藏在她的記憶中。她說:「即便是現在,我有任何困難,他一定會毫不猶豫的幫助我。他就是這樣的人,從不會忘記老朋友,不會忘記過去經歷過的人和事,從來不記仇,不會報復人。」

在許多俄羅斯人眼裡，普丁夫婦是一對恩愛夫妻。

別樣戀情

普丁夫人柳德米拉・普丁曾接受俄羅斯《商業家日報》的３位新聞記者採訪，披露了她與普丁從戀愛到結婚的過程，從中可以看出普丁的獨特個性。

與普丁相識前，柳德米拉曾是俄羅斯國內航線的空姐。有一次，柳德米拉與一位好友前往列寧格勒遊玩。在為期３天的旅遊中，那位女友的摯友，一位名叫謝爾蓋・羅杜爾金的列寧格勒音樂學院的畢業生，盛情邀請她們去列寧格勒蘇維埃劇院聽音樂會。那位音樂學院的畢業生同時也邀請了自己的好朋友弗拉基米爾・普丁。當柳德米拉隨女友和女友的朋友來到劇院時，普丁已坐在售票處窗口旁邊的椅子上，當時，普丁並未給柳德米拉留下多少印象。柳德米拉說：「當時他穿著儉樸，其貌不揚，如果在街上，我絕對不會注意他。」

音樂會結束後大伙在地鐵口互相道別時，普丁突然將自己的電話號碼告訴了柳德米拉，在一般情況下，普丁是絕不會輕易將自己的電話號碼留給他人的。普丁深情的對柳德米拉說：「我在警察局工作，因為工作需要，我暫時不能告訴你

少女時代的柳德米拉。

真實情況……」柳德米拉後來才知道普丁在 KGB 工作。

返回家裡後，柳德米拉只要有空就時常打電話給普丁，隨著感情的遞增，柳德米拉索性利用工作之便，乘飛機約會。柳德米拉深情的回憶說：「一般人是乘汽車、電車赴約，而我是乘飛機去談戀愛的。」經過 3、4 個月的電話傾訴和多次見面，柳德米拉從內心深處感受到普丁是她心中嚮往的男人，雖然他貌不驚人，但是他內在的魅力像磁鐵般吸引了柳德米拉。

時光荏苒，一晃眼 3 年半過去

普丁和柳德米拉結婚後，在市中心的廣場上幸福的合影。

普丁為柳德米拉戴上結婚戒指，神情專注而執著。

了。有一天，柳德米拉在普丁的房間裡，普丁突然對柳德米拉說：「經過 3 年半的接觸交往，你現在應該了解我是什麼樣的人了，我不愛說話，脾氣也不好，有時還會讓別人感覺受委屈。做我的伴侶是有一定危險的，現在你該決定與我的關係了。」剛開始，柳德米拉還以為這是普丁的託辭，但轉而一想，不對，這話分明是要分手之意。於是，她毫不猶豫的說：「我已經決定了。」

「真的決定了？」普丁顯得很驚訝，隨即用探求的目光注視著柳德米拉，似乎想從中發現什麼。柳德米拉點點頭，以為他們的關係就要告吹，想不到，普丁卻說出了一番令柳德米拉激動萬分的肺腑之言：「我愛你，想選擇一個日子和你結婚。」3 個月後，普丁和柳德米拉在涅瓦河畔一艘遊輪上的「浮船」餐廳裡舉行了簡樸的婚禮。

普丁抱著女兒瑪莎。

普丁的兩個女兒：瑪莎和卡佳。

在許多女性眼裡，普丁是好丈夫的最佳人選，但柳德米拉認為她的丈
夫並不完美。

大男人主義者

在許多俄羅斯女性眼裡，普丁是好丈夫的最佳人選，然而在俄羅斯第一夫人柳德米拉的眼裡，她的丈夫並不完美，有不少惱人的小缺點。她向媒體透露，普丁是個大男人主義者，他對女人有兩條黃金格言：「一個女人必須把家中收拾得乾乾淨淨」、「你不能隨便讚揚一個女人，否則你就會寵壞她」。

普丁不僅口頭宣稱這兩條格言，也身體力行。從剛認識之初的約會，普丁就經常遲到。結婚後大男人主義更是表露無遺，柳德米拉略帶哀怨的說，每次做飯她都是煞費苦心，因為只要菜的味道有一點不合普丁的口味，他就立刻丟下叉子，一口都不吃。

普丁夫人坦言：「普丁是俄羅斯國家元首，但對我而言，他只是我的丈夫。我經常得為一些問題傷腦筋，作為妻子和女人，我有時也和他討論這些話題，特別是當他有那麼一點點可憐的空閒時間。但要討論這些問題也很不容易，因為他幾乎將所有的時間都給了工作。當我們就一些問題各自堅持自己的觀點時，偶爾也會發生爭論。但我非常同意他的評價，我們的觀點在多數情況下總是一致的。」

普丁夫人還透露，普丁在送禮方面的舉動總會令她吃驚，因為普丁有足夠的忍耐力，能夠絲毫不動聲色。有一年冬天他們一起休假，普丁夫人生日那天早晨醒來一看，床頭櫃上放著一條金項鍊，原來普丁早在兩個月前訪問耶路撒冷時就

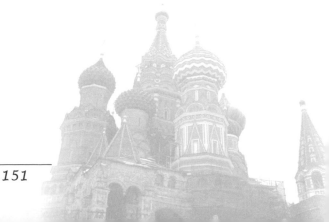

幸福、和睦的俄羅斯第一家庭。

準備好了。

　　普丁夫人最為苦惱的還是普丁不時的沉默寡言。她承認，普丁並不是個不愛說話的人，遇到感興趣的話題和人物，他雖然願意滔滔不絕，但是他從來不透露他工作上的事情。柳德米拉說：「也許是他以前當間諜的職業習慣吧！我覺得他總是不斷的監視我、觀察我，看我有沒有做錯什麼事。要是你在一個前間諜的目光下生活一個禮拜，你就明白那是什麼滋味了。」

　　雖然普丁的緋聞偶有所聞，2011年底更被德國媒體爆料，指

幾十年過去了，柳德米拉始終認為普丁是一個非常值得信賴的男人。

丈夫成了萬眾矚目的總統，不喜歡拋頭露面的柳德米拉也只好
頻頻在公眾面前亮相了。

稱他在東德期間，不但家暴、外遇，甚至育有一私生子。

不過這些都只是八卦，身為當事人的柳德米拉對自己當初的選擇一點也不後悔，因為普丁是一個非常值得信賴的男人，這是柳德米拉對丈夫的第一印象，幾十年過去了，她仍然這麼認為：「他是那種一生中總能做出正確選擇的人。」柳德米拉坦言自己一直欽佩普丁，雖然他不是個完美的丈夫，更不是個完人，但是是個真正的男子漢，擁有「真正的男人個性」。普丁夫人說，普丁身上的確有那種讓人產生信任和依賴感的特質，普丁具有強大的意志，沒有女人們討厭的惡習，對家庭充滿責任感，這一切都是一個女人渴求的東西。俄羅斯國民可能和第一夫人柳德米拉一樣強烈的感受到這一點。

沉穩內斂的普丁，也是一個性情中人。

性情中人

長期的特務經歷使普丁養成了沉穩、內斂的性格，很少表露自己的感情，國家最高權力的象徵讓他不能毫無保留的展示自己的內心世界，從表面看來，他是個表情嚴肅的男人，喜怒不形於色。但在許多私人場合，普丁其實是一個不太會掩飾自己，也不願意刻意掩飾自己的人，他率直坦誠，言語犀利，愛憎分明，是個典型的性情中人。即便在公務場合，如果情到深處，普丁也會隨心所欲，一展本色。

1990 年初，普丁黯然結束了在東德的情報工作，準備回國。此時，

他作為一名見證者，目睹了一個政權的終結，同時擔心國內的政局動盪，內心很不平靜。在向他的德國下屬告別時，普丁放縱了自己的感情，他眼含淚水，將自己的滿心憂慮，將對對方的感情均坦誠相告。

2002 年 10 月 23 日傍晚，俄羅斯成功解決了震驚世界的人質劫持事件。普丁總統在這一事件中表現出的大將風度，贏得了俄羅斯人民的一片喝采。11 月 10 日，普丁總統飛赴布魯塞爾參加俄羅斯與歐盟領導人峰會。在會議結束後會見外國記者時，一位法國媒體記者

突然就車臣問題向普丁總統發難，試圖把車臣反恐與人權問題聯繫起來，責難俄羅斯「濫用暴力」。普丁總統一下子被激怒了，從嘴裡冒出一句話：「如果你想要成為極端恐怖分子的話，我請你到莫斯科來做割包皮手術。我們有最好的專家為你解決問題！」

「來莫斯科做割包皮手術！」又一次成了普丁總統的標誌性用語。

普丁不喜浮誇言辭，沉默寡言，但只要碰到對路的人，他常常談鋒極健，滔滔不絕，而且幽默風趣，令人捧腹大笑。在一般的場合，普丁總是很有耐心，即便對下屬也是很有禮貌，不大會隨便打斷別人的談話。但有一次，在討論老舊房舍改造的內部會議上，幾位地方領導人長篇大論，囉哩囉唆，普丁聽了十分不滿，他當即打斷了那位領導人的話，直截了當的說：「你們怎麼把一切搞得這麼複雜，問題只有一個：老太婆要餓死了，我們得幫助她。」

超級運動健將

普丁訪問日本時，在東京一所柔道道館內準備和選手們過招。

柔道冠軍

2003 年在俄羅斯的一項民意調查中，普丁以絕對優勢當選為女性眼中世界上最有魅力的男士。即便到了現在，「We Really Like Putin」這個部落格，短短成立數週就已超過了 11 萬個會員，2012 年大選前，更已經有不少年輕人主動舉辦活動為其助選。

普丁之所以備受女性與年輕人青睞，其中一個重要原因是，他無論何時出現在公眾面前，總是顯得容光煥發，精力充沛，陽剛氣十足。而普丁保持旺盛精力的祕訣就在於他堅持體育健身。

普丁從小就與體育結下不解之緣。他 11 歲時進入一家體育俱樂部學習桑勃式摔角，後來又對柔道產生濃厚的興趣。起初普丁身體較

差，經常生病，訓練表現也不出眾，但他繼承父親堅強的性格，只要認定的事情總會想方設法做到最好，最終成為俱樂部中的佼佼者。

70 年代中期，普丁在蘇聯柔道界嶄露頭角，不僅多次在蘇聯大學生運動會柔道項目上獲獎，還一度成為列寧格勒市的桑勃式摔角和柔道冠軍，普丁也因此獲得桑勃式摔角和柔道大師的稱號。

中學畢業後，普丁曾面臨艱難的抉擇：要繼續從事體育運動，成為一名優秀的運動員？還是放棄成名的機會，進入大學深造？憑藉普丁的實力，他完全可以在體壇上闖出一片天，但普丁最終選擇了後者，考入列寧格勒大學法律系就讀。普丁的教練當時十分惋惜，但

當選俄羅斯總統後，普丁仍沒有放棄對體育運動的執
著和熱愛。

二十多年後，這位教練談起普丁當時的選擇時說：「俄羅斯少了一位優秀的運動員，卻獲得一位出色的總統。」

1973 年，普丁從一名學員成為桑勃式摔角教練，2 年後成為柔道教練。在普丁的眾多弟子中不乏優秀人物，其中包括曾兩度獲得桑勃式摔角世界冠軍的運動員阿布杜拉耶夫。為表彰普丁的特殊貢獻，前蘇聯曾授予他「功勳教練」稱號。2000 年他與人合著了《向普丁學柔道》(judo with V.Putin) 一書，於後更拍攝了教學影片。現今更擔任歐洲柔道聯合會的名譽主席，即使在擔任俄羅斯總統與總理後，普

普丁熱衷健身，這使他人雖到中年，仍保持一副青春體魄。

丁也沒有放棄對體育運動的執著和熱愛。每天早上起床後，他都要做 30 分鐘的體操，然後游泳 20 分鐘。儘管日理萬機，普丁總能忙裡偷閒，在工作間隙花上 1 個半小時從事各項體育運動。

出訪外國，普丁總不忘記以體育會友，透過體育展示俄羅斯領導人的魅力，因而被不少外國領導人引為知己。2002 年訪問日本，普丁在參觀一家柔道道館時一時興起，要與道館成員比試高低。儘管普丁大獲全勝，但卻令他的貼身待衛極度緊張和不悅。2004 年 3 月初，獨立國家國協國家領導人在哈薩克斯坦舉行非正式會晤期間，哈薩克斯坦領導人邀請各國領導人滑雪。誰知剛開始滑雪，普丁就如離弦之箭，把其他領導人遠遠的拋在後面，速度之快，令大家瞠目結舌。

普丁在烏拉爾山南部的 Abzakovo 滑雪。

天生運動好手

現在，普丁的體育愛好已從柔道和摔角擴展到游泳、滑雪、騎馬和泛舟。每天清晨，普丁做的第一件事就是游泳，如果時間允許，他至少能游上 1000 米。下水前，他不忘先熱身，還自編一套運動操。出國訪問時，他也會在旅館的游泳池裡「暢游」一番。

人們原以為酷愛柔道的普丁會把這項運動「普及」到政府機構中，或許是受到場地的限制，這種場景並沒有出現。倒是當普丁帶著妻子柳德米拉前往索契滑雪時，他的後面卻跟著不少政府高官，就連平時不喜歡滑雪的人也出現在普丁左右，為的是能夠在滑雪道上見總統

普丁與家人充分享受短暫的假期。

一面。滑雪成為近年來俄羅斯體壇一個別有興味的特色，政府官員們爭相成為滑雪高手，以便引起普丁的注意。

2002 年左右，普丁又增添了一項愛好：騎馬。奧廖爾州州長送給他一匹好馬，他只騎了一次就喜歡上這項運動。普丁拿出當年練柔道和摔角時的勁頭學習馬術，還帶兩個女兒瑪莎和卡佳，讓私人教練指導。很快的普丁就騎得很不錯了，但是他的待衛卻怎麼也高興不起來，因為他們隨時擔心總統會從馬上摔落而受傷。所以，每次騎馬時都會出現這樣的景象：一邊是普丁興致勃勃的騎馬，一邊是待衛們在提心吊膽。

2003 年 8 月的某一天，普丁帶著家人前往阿爾泰度假，他們高高興興的玩了泛舟，這是一次奇特的經歷。這則消息封鎖得很好，事先沒有任何媒體知道，普丁乘坐橡皮艇沿著恰雷什河划了 20 公里。作為艇上的一員，總統沒有搞特權，他也參加了划艇，一路上風景如畫，但普丁的精力都在划艇上，那種認真的態度讓指導教練留下深刻印象。

此外，普丁的兩個女兒都很喜歡中國武術，現在俄羅斯的年輕人也對東方體育頗感興趣，練武術和跆拳道的人越來越多，作為父親，

普丁會不會受到女兒的影響再添一項愛好呢？

　　普丁是漸漸有些滄桑感了，一是說明歲月的無情，二是說明治國的辛勞。不過，對 60 歲左右的普丁而言，以他現在的精力和體型，已屬相當出色了，因為這個年齡的俄羅斯男人絕大多數都早已是大腹便便了，這顯然得益於普丁持之以恆的健身。雖說

泛舟是普丁另一項喜愛的運動。

「治大國若烹小鮮」，而對政治家來說，現實意義上的治理國家絕不是件輕鬆的事，沒有一個好的身體是不能勝任的。在普丁之前的好幾任元首，都曾以「藥罐子」著稱，有的還在任上病故。所以，從這個角度上來看，普丁兩次當選總統，除了要感謝選民的信任，再則要感謝強健身體的支持。

175

普丁為薩馬蘭奇佩戴勳章，以表彰薩馬蘭奇為國際奧林匹克運動的貢獻。

關心體育事業

普丁不僅重視自身體育鍛鍊，還十分關心俄羅斯體育事業的發展，致力於向社會宣傳健康的生活方式。為了在俄羅斯推廣和普及柔道，2000 年普丁和俄羅斯柔道協會主席舍斯塔科夫為俄羅斯柔道運動員撰寫了一本有關柔道的教材，教材一出版，立即成為全國暢銷書。為推廣俄羅斯體育事業的發展，普丁要求有關部門增加對體育事業的預算，改善體育基礎設施，全面提高運動員待遇。

普丁對體育的熱愛是有目共睹的。在俄羅斯 2004 年大選結束的當天，他從會場出來的第一件事，就是去俄羅斯拳擊隊訓練基地，在賽台上與選手們過招，看看運動員如何備戰 2004 年雅典奧運會。這件事一方面反映出總統對國家體育的關心，同時也表明他自己對體育的熱愛。

在總統的帶動下，俄羅斯政府的總理們、部長們紛紛投入健身運動的行列中，一個人的運動水平甚至與官位產生了某種「關聯」。例如，普丁任命的國家資源部部長特魯德涅夫就曾是一位出色的賽車手，而擔任聯邦體育與旅遊署署長的費季索夫，則是三屆 NHL 斯坦利杯（冰上曲棍球比賽）得主。在普丁看來，一個在體育比賽中曾取得優異成績的人，應該具有頑強的奮鬥精神和征服困難的勇氣，這正是處理國事的首要基礎。

天生外交家

普丁在聯合國大會上發言。

普丁與前聯合國秘書長安南會晤。

韜光養晦，以柔克剛

在人們的印象中，俄羅斯始終是一個對外征伐、不斷擴張的國家。但事實上，俄羅斯在歷史上也多次經歷過內外交困的艱難時刻。在這種情況下，俄羅斯人往往能韜光養晦、臥薪嘗膽，以柔克剛、以弱勝強。

金帳汗國統治俄羅斯 200 年，俄羅斯人對蒙古人明裡送金、嫁女，暗中分化腐蝕，最終莫斯科公國擊敗蒙古王公，收復俄羅斯失地；克里米亞戰爭後，沙俄內憂外患，處境艱難，外交大臣戈爾恰科夫一面讓出戰爭利益，一面利用歐洲列強的矛盾合縱連橫，最終使俄羅斯重新贏得歐洲大國地位；十月革命後，新生的蘇維埃政權十分虛弱，外有德國大兵壓境，內有白軍挑戰政權，列寧力排眾議，與德國簽署《布列斯特和約》，雖付出了沉重代價，但為蘇維埃政權贏得了寶貴的喘息之機。

1991 年，蘇聯的沈痾與新舊思維的矛盾引爆了 819 事件，進而導致了蘇聯的解體。其後俄羅斯聯邦在葉爾辛主政下，政治內鬥與寡頭經濟的問題，使社會進入不公與窮困的亂局。

作為在國家衰落時登上權力頂峰的領導人，普丁繼承並發揚了歷史傳統。他清楚的認識到，俄羅斯正處於數百年來最困難的歷史時

普丁踩著穩健的步伐，帶領俄羅斯走向國際。

期，他未必能夠大大改變國際關係的現有結構，未必能夠動搖美國的霸權，因而必須繼承戈爾恰科夫的外交傳統。俄羅斯外交智囊也明確建議普丁，學習中國近 30 年來「韜光養晦」的外交經驗，放棄與外部世界對抗，著重國內經濟建設，同時極其強硬的在小範圍內堅持原則性的對外政策立場。

根據當前的國際環境，普丁將其「韜光養晦」外交的基調定為「以融促變」：以積極主動的姿態與「對手」合作，融入其中，並藉此為國內經濟發展創造良好的外部環境。普丁執政後，特別是在「911」後，加強與西方的合作。俄羅斯主動與美國展開反恐合作，促使雙邊關係出現重大突破；俄羅斯與北約建立了新的合作機制，並藉此促使北約由單純的軍事集團向軍事政治組織轉變；俄歐也就建立共同經濟空間、能源合作等問題積極磋商。普丁在一定程度上實現了他所期望的變化：美國在公開場合把俄羅斯稱作「夥伴」而不再是「對手」；美、歐都承認俄羅斯是市場經濟國家，加快了俄羅斯加入 WTO 的談判進程；而在車臣人權問題上，隨 2003 年車臣新憲法規定：車臣是俄羅斯的一部分後，以及 2007 年車臣總統拉姆贊·卡德羅夫的就任，問題多已緩解，俄羅斯外部環

2001 年普丁參加在上海舉行的 APEC 時的留影。

境明顯改善。

　　普丁喜愛柔道，他曾經說過：「柔道不是簡單的體育運動，而是哲學」。他從柔道中體會出的哲理是：不管對手有多強大，只要你掌握技巧、抓住對手的破綻，就能借勢擊倒對手。「柔」是為了「克剛」，退讓是為了取勝。因而在外交上「韜光養晦」的同時，普丁深知俄羅斯並未失去成為偉大國家的潛力，他隱忍退讓是為了俄羅斯的重新崛起。在實踐上，普丁的「韜光養晦」並非只是一味的妥協退讓，而是以國家利益為前提，不再關心和介入與己無關的國際事務，集中力量增強國力；放棄與美國及全球對峙，轉而建構周邊「穩定弧」；堅持多極化目標但少說多做，反對美國的單極霸權；處理國際事務強調「有選擇參與」，集中資源投入關係俄羅斯切身利益的方向和領域；減少虛張聲勢，從逞強好勝轉向量力而行，從注重大國面子轉向更注重實際利益；在戰略上堅持維護國家利益的堅定性，在策略上講求實現國家利益的靈活性。短短數年，俄羅斯已回到強盛國家之列，2011年的富比世權勢排名中，普丁的影響力已僅次於美國總統歐巴馬，名列第二。

　　普丁的外交理念簡潔而樸實，但他在外交場合的表現卻色彩豐富、魅力四射、極具派頭，令人刮目相看。他一走上國際外交舞臺，就顯示出獨特的風度，贏得一片喝采。在 2007 年被《時代》雜誌選為年度風雲人物，有人更驚歎：普丁是天生的外交家。

不擅飲酒的普丁，在外交場合頻頻舉杯，姿態優雅而熟練。

普丁與各國領導人會晤。

普丁會晤前美國總統布希。

與布希四度握手

俄羅斯的前身蘇聯曾經和美國一樣，是世界上的超級大國。蘇聯解體後，繼承蘇聯遺產的俄羅斯國力大衰，其國際地位大幅下降。為了維護俄羅斯的大國地位，普丁頻頻出訪，改善俄羅斯的外部環境，而其重點，是與美國保持一種平衡關係。

普丁上臺後，徹底改變了俄羅斯獨立初期曾一度推行的「一邊倒」向西方的對外政策，實行「雙頭鷹外交」政策。「911」恐怖攻擊事件改變了世界安全局勢與外交格局，普丁抓住這一機會，積極與美國改善關係。他在恐怖攻擊發生後，第一個打電話給當時的美國總統布希，向布希及美國人民表示慰問。他還曾與布希總統半年之內

2003 年 9 月 27 日，時任俄羅斯總統的普丁與美國前總統布希聚首大衛營。

普丁與德國前總理施若德在威瑪會面。

「四度握手」，使俄美關係從相互驅逐外交官的惡化態勢急劇升溫。對於美國單方面退出美蘇 1972 年《反導條約》，普丁只是輕描淡寫的說，美國的決定是「錯誤的」。這雖然讓人感覺出一絲無奈，但普丁言語之間包含的主要信號卻是：當前奉行靈活務實對外政策的普丁政府，改善對美關係並非戰術性外交策略，而是以維護俄羅斯利益為前提的戰略性外交政策調整。

2003 年 3 月 20 日伊拉克戰爭爆發。在伊戰問題上，俄羅斯與法、德兩國組成了三角合作關係，既努力維護國際法和聯合國的尊嚴，又尋求保護自身在中東地區的合法利益。普丁更加看重的是與歐洲的關係，這不僅因為俄羅斯與歐洲在歷史、文化、宗教、藝術，甚至血緣關係上難分你我，更是因為歐洲是

普丁與法國前總統席哈克在愛麗榭宮前合影。

俄羅斯最大的貿易夥伴和投資國。伊拉克戰爭之後，俄羅斯與美、歐的關係都出現了不少問題。雖然俄羅斯與法、德在伊拉克戰爭問題上立場大體一致，但俄羅斯仍對法、德對美國的態度持有疑慮。伊拉克戰爭後歐洲對俄羅斯加入世界貿易組織談判持高壓立場，對俄羅斯處理尤科斯事件持懷疑態度（尤科斯為俄羅斯第一大石油公司，當年受到俄羅斯司法當局以調查逃稅和詐欺為由大舉搜索該公司總部，並且追討大筆欠稅，致使該公司面臨倒閉，影響國際原油市場）；另外，北約的進一步東擴和歐盟的擴大，仍然是普丁的心病。

不過由於近年來美國陷入金融風暴與歐債危機的動盪，俄羅斯的國際地位相對提昇，普丁更於2011年宣布參選總統時，一併提出了「歐亞聯盟」（Eurasian Union）的概念以期強化其地緣政治。同時也將目光投向鄰近的中國與逐漸嶄露頭角的印度。

2002 年 10 月 11 日，普丁在他莫斯科的別墅會見來訪的英國前首相布萊爾。

惡補英語

英國前首相布萊爾是第一個直接與普丁打交道的西方領導人，他在第一次會見普丁後就對他稱讚不已，說普丁是一個有政治遠見，深知自己應該做什麼的人。

英國首相布萊爾首次訪問俄羅斯時，普丁在小酒館裡招待他，兩人像老朋友一樣邊吃邊談，一起去歌劇院看表演，在酒吧裡把酒言歡，還直呼對方的暱稱「托尼」和「瓦洛佳」。

有一次，普丁用俄語開玩笑的說：「在俄羅斯有這樣一個笑話，俄羅斯男人在辦公室聚在一起時，他們談論的都是女人；當他們出了辦公室與女人在一起時，他們談論的都是工作。」遺憾的是，布萊爾聽不懂這個笑話。

這件事讓普丁意識到應該學習英語，此後幾乎每天，普丁都會向一位專職教師苦學一個小時的英語，希望有朝一日，能用英語和布萊爾促膝談心，讓布萊爾領會他的俄羅斯式幽默。當然，普丁知道學習英語還有更多好處：他可以直接讓布萊爾成為美國與俄羅斯之間重要的調解人。

經過刻苦學習，普丁的英文果然有了很大的進步。2003 年 6 月，普丁訪問英國，這是俄羅斯領導人

2003 年 6 月 24 日，俄羅斯總統百餘年來首次訪英，當時受到英國女王伊麗莎白二世最高禮遇的歡迎。普丁攙扶女王走出皇家馬車，此舉雖不合王室規矩，但卻顯示了他的翩翩風度。

百餘年來首次訪問英國，意義重大。在英國女王舉行的歡迎宴會上，普丁在致詞的開場白中說出了一連串完美無誤的英文句子，博得了熱烈的掌聲。雖然一些俄羅斯和前蘇聯的領導人也能夠講英語，但他們之中沒有任何人敢像普丁這樣沉著的在公共場合展示自己的才能。雖然此前普丁曾多次在和外國領導人舉行會晤時先用英語閒談幾句，但此次在白金漢宮的表現卻意義非凡。它顯示了普丁對俄羅斯和英國關係的重視，也證明他是一名具有國際思想潮流的俄羅斯領導人。

普丁在倫敦訪問最精彩的一幕是一面舊軍旗的移交儀式。這面軍旗是俄羅斯沙皇近衛團的旗幟，曾被沙皇視為「寶物」，當年俄軍正是在這面軍旗的指引下打敗了拿破崙軍隊的進攻。十月革命後，一位將領將這面旗子偷偷送到倫敦，交給英國王室保管。英女王在白金漢宮前的迎賓禮上，把這面俄國軍旗交還給普丁。在女王近衛團的簇擁下，普丁雙手接過軍旗，他低聲說：「它回到了自由民主的俄羅斯。」這面飽經歷史滄桑的舊軍旗現在保存在聖彼得堡埃爾米塔日博物館，這裡也曾是俄羅斯末代沙皇的冬宮。

普丁在長城上連連讚歎：「長城太偉大了！」

在北大講臺上

普丁曾幾次出訪中國，2002年12月3日，普丁出訪中國時在北京大學發表演講。他當著中國領導人江澤民的面，抱著一本厚厚的大開本精裝書走上講臺，讓台下的幾百名北大師生面面相覷，這時普丁開口解釋道：「你們不要害怕，這是一本俄文書，我不會朗讀整本書的。」接著他停頓了一下：「這本書我已經讀過，它的名字叫《江澤民論有中國特色的社會主義》。」說完，普丁轉過身去，將書贈給了當天講演的主持人──北京大學校長許智宏。在隨後近40分鐘的演講中，普丁對北大及中國文化給予了高度評價，並對發展俄中關係的重要性作了深刻的闡述。

在回答北大學生的提問時，普丁表現得風趣而機智，有學生問：「江澤民主席在訪問俄國時曾經用俄語演講、朗誦詩歌，總統閣下對中國文學和中國的瞭解如何？」對此普丁謙虛而幽默的說：「江主席多才多藝在各國元首中早已傳為佳話……相比之下，我的造詣遠遠不如江主席，不過俄羅斯一直十分重視發展和中國的文化科技往來。中俄兩國的最高學府已展開深入持續的交流。」他提到自己的女兒已經開始學習漢語，並表示這對他本人非常有好處，因為他又多了一個瞭解中國的途徑。

訪華期間，普丁還饒有興致的遊覽了故宮和長城。在長城上，這位一向以「含蓄、嚴肅」著稱的俄羅斯總統談笑風生，連連讚歎：「長城太偉大了！太漂亮了！」並提筆在長城留言簿上寫道：「我為中華民族之勤勞，風景之秀美，歷史之偉大而感到驚訝！」

當然，此次出訪之後，普丁也成了許多中國女學生心目中的偶像。

擁有柔道黑帶的普丁，在日本東京的一所柔道學校內與青帶女生同台較量，結果被小對手摔落地上，引起全場鼓掌。

被日本小女孩摔倒了

咄咄逼人不是普丁希望讓人留下的印象，他是一個知道何時選擇進退的聰明人。2000年9月，在日本訪問的普丁來到東京江道柔道館參觀，接過歡迎的鮮花之後，這位柔道高手和10歲的日本女孩一同走進柔道場地練練身手。結果，普丁被小對手摔翻在地。

敗給年幼的女對手顯然是普丁的選擇。至少，在日本的柔道場上，俄羅斯總統要顯示的不是力量的絕對優勢，而是對某種文化的共同認知。當人們從電視和報紙照片上看到普丁被摔倒在地的情景時，沒有人認為這是失態，而是更加認識了一個堅定又溫和、強勢又靈活的俄羅斯人。

普丁領導下的俄羅斯

2002 年 6 月 26 日，普丁在 G8 高峰會上與 7 國領導人合影。

多極化強權

2007 年慕尼黑會議上，普丁指責美國在國際事務上的專橫，並聲稱美國在國際事務上「毫不遮掩地使用強權」。此外普丁還說：「沒有人會感到安全。沒有人會認為國際法是一堵能保護他們的牆。美國的政策正在激發世界範圍內的軍備競賽。」

普丁主張民主與多極化的世界秩序，且支持鞏固國際法系統。對外，他延續了葉爾辛時期的外交政策──「雙翼外交」──雙頭之鷹，一面向西，一面向東。

對於歐美等西方國家，從蘇聯解體到葉爾辛時期的混亂年代，俄羅斯的沒落造成北約組織和歐盟體系不斷東侵。但隨著普丁的上台，俄羅斯的復興已是舉世共賭，不少西方國家開始擔心，普丁極權統治下的俄羅斯是不是會產生民主倒退，強國思想的普丁是不是會意圖染指前蘇聯加盟國。因此，不論是在車臣問題上，還是烏克蘭的橙色革命，歐美國家都或有意或無意的介入其中，企圖減少俄羅斯的影響力，以防杜將來俄羅斯勢力的西向。

因此，早期普丁雖能與美國前總統布希、英國前首相布萊爾、德國前總理格哈特・施若德保持良好關係，但隨著俄羅斯的崛起，2007年與英國在利特維年科事件因引渡囚犯的問題造成交惡，甚至一度相

普丁參加 2003 年 5 月 31 日召開的俄羅斯—歐盟領導人高峰會。

互驅逐對方的外交官員；與美國更是長期因為北約推展歐洲的導彈防禦系統，形成了核武上的競賽。

往東望向中國，普丁對中國的友好態度，使得中國前陣子吹起了普丁狂熱，一個長相酷似普丁的農夫，都足以引起媒體一窩蜂的大肆報導，2011 年時更將第二屆的孔子和平獎頒給了普丁；至於鄰國的日本，在北方四島的問題上始終爭議不斷，雖於 2001 年通過了「日蘇聯合聲明」，並於 2004 年歸還其中兩島，但國內反對歸回的聲浪，以及日方猶不滿足的態度，使得問題始終懸而未決；至於南北韓的問題，在普丁上任後，俄羅斯便

轉向支持南韓，多次在六國會議中斡旋解決北韓核武問題。而如今隨著北韓領導金正日的猝逝，東北亞的局勢將進入另一番境況，握有俄羅斯大權的普丁，將成為動見觀瞻的角色。

總之，雖然俄羅斯在軍事建設與國防外交上採取了強國的態度，並企圖維持其地緣政治的穩定，但普丁強調：「俄羅斯的主要任務是內政，即解決國家的社會、經濟問題。我們希望在我們周圍構築有利的外部環境，而不是與境外夥伴對峙。俄羅斯希望與包括美國在內的所有夥伴國家發展夥伴、同盟和戰略關係。」

車臣問題

車臣問題一直是俄羅斯自蘇聯解體後難解的習題，其中牽扯到歐美勢力的東侵以及其地緣政治與國內統一的深層問題，而車臣戰爭更與普丁糾葛不清。

1999年第二次車臣戰爭爆發，普丁以強硬、堅決的態度面對這群恐怖主義的分離分子，壓制了這次的動亂，也贏得了俄羅斯人民的心，成功將普丁送上了總統大位。

2002年10月，車臣武裝分子在俄羅斯劇院挾持人質、12月車臣共和國政府大樓發生爆炸案，普丁皆採取「絕不向恐怖分子妥協」的政策，採取強攻手段解救人質制裁歹徒。這樣的舉動獲得了85%的民眾支持與肯定。並於2003年制定車臣新憲法，讓車臣建立了選舉制度與地方政府，並規定車臣是俄羅斯的一部分。車臣問題在此稍微緩解，也杜絕了西方國家對其在車臣問題上強勢作風的批評。

2004年5月9日，車臣發生炸彈攻擊，車臣總統艾哈邁德・卡德羅夫被當場炸死，粉碎了車臣和平的美夢。2004年9月更發生了

為恢復俄羅斯的大國地位，重振俄羅斯雄風，普丁付出了艱苦的努力。

舉世震驚的「貝斯蘭人質事件」，車臣分離主義分子在俄羅斯南部北奧塞梯共和國貝斯蘭市第一中學劫持了 1200 名的學生、教師與家長。人質死亡 326 人，擊斃 31 名歹徒，這些舉措引來了普丁對恐怖分子的全面追緝，車臣恐怖分子首領馬斯哈多夫與巴薩耶夫，先後於 2004 與 2005 年亡故。

於此，車臣問題一時間看起來好像落幕了，2007 年艾哈邁德·卡德羅夫之子拉姆贊·卡德羅夫宣誓就任車臣總統。2009 年，俄羅斯官方正式宣佈車臣戰爭結束。但不久後，就在 2010 年 3 月，車臣戰爭的陣亡者遺孀──「黑寡婦」，在俄羅斯首都莫斯科進行了自殺式炸彈攻擊，再度引爆車臣獨立的戰爭。2010 年 10 月格羅茲尼列寧區的車臣議會大樓，遭到武裝分子襲擊；2011 年 1 月莫斯科多莫傑多沃機場，再次發生自殺式炸彈攻擊，造成 30 餘人死，近 200 人受傷。車臣伊斯蘭叛軍領袖烏馬羅夫指出，這是一項針對普丁和俄羅斯人民的行動，是對俄羅斯在高加索地區「犯罪行為」的回應，並為了建立一個獨立的伊斯蘭國家。

而面對這些恐怖攻擊，普丁的鐵腕手段，不論在國內還是國外也都得到了正負兩極的評價。支持者認為唯有透過打擊犯罪，給予譴責與嚴懲，才能徹底杜絕恐怖攻擊的發生；反對者則認為普丁的強勢作風，不但蔑視了車臣地區的人權，更在人質挾持事件中造成了人質的死傷，2007 年 8 月，更有 89 名在貝斯蘭人質事件中罹難者的親屬，向歐洲人權法庭對俄羅斯提出指控。

但總體說來，在普丁政策下的車臣，目前由親俄勢力主政，避免了其分離的可能。此外俄羅斯政府還加大了對車臣的預算撥款，扶持農業、石油等產業。雖然其經濟基礎仍然薄弱，但還是朝著正面的方向逐步前進。

普梅時代的來臨

2008 年，由於俄羅斯憲法對於總統任期的限制，已經擔任兩屆、歷時 8 年的普丁面對了「選擇接班人」或是「修改憲法繼續連任」的抉擇。

「從就任總統的第一天起，我就決定不會違反現行憲法。」普丁指出，他所擁有的權力，就是來自於俄羅斯人民的信任，因此他不會濫用國會最大黨的優勢，擅自更動憲法。同時他也指出：「我沒有看到任何重大的失敗——因為所有預定的目標都已經達到，所有的任務也都已經完成。」抱著這樣坦然的態度，普丁在 2008 年毅然將總統大位交棒給德米特里·梅德維傑夫，轉任俄羅斯總理。至此，「梅普體制」（或稱「梅普組合」）就位。「給我 20 年，還你一個強大的俄羅斯。」，普丁執政之初的宣告言猶在耳，梅普兩人將繼續協力推展普丁政策的長年大計。

梅德維傑夫是什麼人呢？

在此之前，他一直是個低調的男人。父親是列寧格勒理工學院的教授，母親則是一個高學歷的家庭主婦，家境一般。從小時候開始，他就是個好學又愛問問題的小孩，而且就像一般的小孩子一樣，他也曾為愛迷糊，也喜愛龐克與搖滾樂、甚至喜愛吃冰淇淋。溫和有禮的他，即便後來身居高位，也從來不擺架子，他的啟蒙恩師——薇拉說：「就我所知，迄今為止，只有兩位政治家親自邀請自己的老師到克里姆林宮作客，一位是前任總統普丁，另一位就是現任總統梅德維傑夫。」

大學時，梅德維傑夫就讀列寧格勒大學法律系，並認識了法學教授索布恰克，就此開啟了日後從政的契機。梅德維傑夫畢業後，

回到母校任教，同校的同事兼老師——索布恰克，決定參選列寧格勒市蘇維埃委員，在梅德維傑夫大力協助下，索布恰克於 1990 年當上了列寧格勒市蘇維埃主席。於後，梅德維傑夫便擔任其顧問，而其直屬的頂頭上司，顧問小組組長——便是普丁了。而在這段時間中，普丁一度被人抹黑，梅德維傑夫憑藉其法律專長，挽救了普丁的仕途。

2000 年總統大選時，當俄羅斯人都不認識普丁——一個沒有過去、擁有 KGB 神祕背景的黑盒子總統候選人，支持度根本不到 10%。但憑藉著梅德維傑夫為其出書、並透過大量的紀念品、圖像等宣傳，讓一向被高壓統治的俄羅斯人第一次體驗到了親民總統的魅力，也讓俄羅斯刮起了普丁旋風。

普丁曾說：「我有很多朋友，但離我真正近的人並不多。他們從未離開我、從未背叛我，我也沒有背叛過他們。」這裡說的，正是梅德維傑夫。

梅德維傑夫本身性格十分溫和低調，在蘇聯解體前夕，當青年們紛紛走上街頭激憤運動時，他卻覺得「與其在人群中跟著喊口號，還不如踏踏實實的做點實在的事」。多做事少說話的個性，與普丁剛好一剛一柔配合無間。梅德維傑夫職掌俄羅斯天然氣工業股份有限公司期間，搭配普丁的能源外交政策，不但帶動國內 GDP 的成長，也使俄羅斯對外的發聲權大增；2005年後，擔任第一副總理期間更是著焦於國內的社會福利與內政發展。這樣默默無聲的實作家，正好是普丁卸任後還能夠繼續執行普丁政策的最佳人選。

而促使梅德維傑夫接棒的另一個原因，在於聖彼德堡幫的內部出現分化，其中「強力部門幫」實力最為強大，沒有任何軍方和安全部門背景的梅德韋傑夫擔任總統，恰

好可以維護最高權力中心內部的某種平衡。

　　梅普組合的出現，有人說「普丁時代」沒有結束，只是以另一種方式在延續，有人甚至認為梅德維傑夫只是個傀儡；但在執政後，梅德維傑夫卻開始出現了與普丁方向的分歧：普丁主張強國政治，國家利益永遠在第一位，任何的變革與發展，都必須由國家主導；梅德維傑夫則強調公民的自由，希望減少國家干預，讓民主機制與社會自我調節。

　　在梅德維傑夫的領導下，俄羅斯的民主與經濟都展現了另一番面貌，而兩人之間的分歧在 2012 年總統選舉前，逐漸進入緊繃，梅德維傑夫一度試圖繼續參選連任，直到 2011 年年底才宣布退出總統人選的競逐，轉而支持普丁。「普梅體制」就此展開了新的一頁。

12 年間的轉變

梅德維傑夫退出總統大選後，可能將轉任總理，而由普丁競選總統大位。普梅兩人位置的互換，也代表著俄羅斯未來政治的趨勢，兩人在總統、總理位置上面的交替，加上梅德維傑夫在任內將總統任期改為 6 年，皆將使普丁的政治影響力或許能延續到 2024 年。

不過自普丁宣布參選 2012 總統大選後，國內就逐漸出現了反對的聲浪。或許是人心思變，統治俄羅斯可說長達 12 年的普丁要重回總統大位，支持者固然欣喜不已，但也有不少反對勢力與西方民主主義者大力反對。

2011 年 12 月，國家杜馬選舉結束後，普丁領導的統一俄羅斯黨席次從原本的 64% 降到 49%，明顯失去了國會三分之二席的多數優勢，更失去了修改憲法的權力。而選後爆發了一連串的示威遊行，除了主要是抗議選舉作票舞弊的問題外，也有部分是彰顯出俄羅斯人自普丁上任以來，經濟的快速成長使得中產階級人數大幅增加；而這些中產階級自 2008 年世界經濟危機以來，由於經濟的成長逐漸趨緩，進而轉向要求提高政治權力。10 萬人綁著白絲帶走上街頭，彷彿是 2003 年喬治亞的玫瑰革命、2004 年烏克蘭的橙色革命、2010 年茉莉花革命的延續，花朵革命的風暴悄悄的在俄羅斯生了根，這是蘇聯解體後首次出現的大規模遊行抗議。

「憲法規定公民有言論自由和集會自由。人們有權表達自己的立場。他們昨天正是這麼做的。」就如梅德維傑夫在 2011 年 12 月 11 日所指出的，在其主政下的俄羅斯已經逐漸民主化與法制化，雖然這

是十年多來最大規模的遊行，但一切都是合法的集會遊行，目的只為了追求公民的權益，而非企圖引發革命，反而可說是俄羅斯社會民主的一大進步。面對歐美見獵心喜的大規模報導與其官方高層的不當發言，反對黨的自由民主黨主席直截了當地說：「雖然我們對選舉結果有不滿，但是還輪不到希拉蕊（美國國務卿）來指手畫腳。」根據俄羅斯國內民調指出，有 54% 的人非常不滿國外媒體用移花接木的方式，將其他國家激烈暴動的場景誤植到俄羅斯，也對美國官方所承認的「在俄羅斯選舉上花費了 900 萬美金」大表不滿。

遊行爆發後，普丁的支持度雖然急遽下滑，但支持度仍是超過五成。這或許是由於俄羅斯雖然出現經濟困境、政府因極權體制造成腐敗問題，但普丁的強勢領導確實將俄羅斯在短短數年內，從可能淪為二三流國家的險境中帶回世界大國之林。即便普丁的極權主張已經不適宜逐漸民主化的俄羅斯，但要帶領俄羅斯重新邁向世界超級強權，全俄羅斯再也找不到比他更好的領導者了。

未來，俄羅斯的情勢將如何發展，端看現在這個掌握俄羅斯最大權力的政治強人將如何行動。遊行爆發後，普丁曾指出這些抗議活動實際上是由美國在背後主導煽動，企圖引發「俄羅斯之冬」。美俄關係是否又將回到冷戰時期？面對美歐勢力的滲透以及俄羅斯境內本身的社會不公與矛盾，普丁是否又能運用他的政治智慧，完美的再造一次普丁傳奇呢？或許，這又將是下一個 12 年的精采故事了吧。

普丁傳奇──新俄羅斯之鷹

作　　者	王平
發 行 人	林敬彬
主　　編	楊安瑜
編　　輯	陳亮均
美術編排	謝淑雅
封面設計	謝淑雅

出　　版	大都會文化事業有限公司　行政院新聞局北市業字第89號
發　　行	大都會文化事業有限公司
	11051台北市信義區基隆路一段432號4樓之9
	讀者服務專線：（02）27235216
	讀者服務傳真：（02）27235220
	電子郵件信箱：metro@ms21.hinet.net
	網　　　　址：www.metrobook.com.tw

郵政劃撥	14050529　大都會文化事業有限公司
出版日期	2012年2月初版一刷
定　　價	280元

I S B N	978-986-6152-35-1
書　　號	98027

Metropolitan Culture Enterprise Co., Ltd.
4F-9, Double Hero Bldg., 432, Keelung Rd., Sec. 1,
Taipei 11051, Taiwan
Tel:+886-2-2723-5216　Fax:+886-2-2723-5220
Web-site:www.metrobook.com.tw
E-mail:metro@ms21.hinet.net

◎本書由中國北京市中國國際廣播出版社授權繁體字版之出版發行。

大都會文化
METROPOLITAN CULTURE

國家圖書館出版品預行編目(CIP)資料

普丁傳奇－新俄羅斯之鷹/王平著.
-- 初版. -- 臺北市：大都會文化，2012.02
面；　公分. --（人物誌；98027）
ISBN 978-986-6152-35-1（平裝）
1.普丁(Vladimir Putin) 2.傳記 3.國際視野

784.88　　　　　　　100026484

大都會文化 讀者服務卡

書名:**普丁傳奇—新俄羅斯之鷹**

謝謝您選擇了這本書!期待您的支持與建議,讓我們能有更多聯繫與互動的機會。
日後您將可不定期收到本公司的新書資訊及特惠活動訊息。

A. 您在何時購得本書:＿＿＿＿年＿＿＿＿月＿＿＿＿日

B. 您在何處購得本書:＿＿＿＿＿＿書店(便利超商、量販店),位於＿＿＿(市、縣)

C. 您從哪裡得知本書的消息:1. □書店2. □報章雜誌3. □電台活動4. □網路資訊
   5. □書籤宣傳品等6. □親友介紹7. □書評8. □其他＿＿＿＿＿＿＿＿＿

D. 您購買本書的動機:(可複選)1. □對主題和內容感興趣2. □工作需要3. □生活需要
   4. □自我進修5. □內容為流行熱門話題6. □其他＿＿＿＿＿＿＿＿＿

E. 您最喜歡本書的:(可複選)1. □內容題材2. □字體大小3. □翻譯文筆4. □封面
   5. □編排方式6. □其他＿＿＿＿＿＿＿＿＿

F. 您認為本書的封面:1. □非常出色2. □普通3. □毫不起眼4. □其他＿＿＿＿＿＿

G. 您認為本書的編排:1. □非常出色2. □普通3. □毫不起眼4. □其他＿＿＿＿＿＿

H. 您通常以哪些方式購書:(可複選)1. □逛書店2. □書展3. □劃撥郵購4. □團體訂購
   5. □網路購書6. □其他＿＿＿＿＿＿＿＿＿

I. 您希望我們出版哪類書籍:(可複選)1. □旅遊2. □流行文化3. □生活休閒
   4. □美容保養5. □散文小品6. □科學新知7. □藝術音樂8. □致富理財9. □工商管理
   10. □科幻推理11. □史地類12. □勵志傳記13. □電影小說14. □語言學習(＿＿＿語)
   15. □幽默諧趣16. □其他＿＿＿＿＿＿＿＿＿

J. 您對本書(系)的建議:＿＿＿＿＿＿＿＿＿＿＿＿＿＿＿＿＿＿＿＿＿＿＿＿＿
＿＿＿＿＿＿＿＿＿＿＿＿＿＿＿＿＿＿＿＿＿＿＿＿＿＿＿＿＿＿＿＿＿＿＿＿

K. 您對本出版社的建議:＿＿＿＿＿＿＿＿＿＿＿＿＿＿＿＿＿＿＿＿＿＿＿＿＿
＿＿＿＿＿＿＿＿＿＿＿＿＿＿＿＿＿＿＿＿＿＿＿＿＿＿＿＿＿＿＿＿＿＿＿＿

讀者小檔案

姓名:＿＿＿＿＿＿＿＿＿ 性別:□男□女 生日:＿＿年＿＿月＿＿日

年齡:□20歲以下□20～30歲□31～40歲□41～50歲□50歲以上

職業:1. □學生2. □軍公教3. □大眾傳播4. □服務業5. □金融業6. □製造業
   7. □資訊業8. □自由業9. □家管10. □退休11. □其他＿＿＿＿＿＿＿＿

學歷:□國小或以下□國中□高中/高職□大學/大專□研究所以上

通訊地址:＿＿＿＿＿＿＿＿＿＿＿＿＿＿＿＿＿＿＿＿＿＿＿＿＿＿＿

電話:(H)＿＿＿＿＿＿＿ (O)＿＿＿＿＿＿＿ 傳真:＿＿＿＿＿＿＿

行動電話:＿＿＿＿＿＿＿ E-Mail:＿＿＿＿＿＿＿＿＿＿

◎如果您願意收到本公司最新圖書資訊或電子報,請留下您的E-Mail信箱。

普丁傳奇——新俄羅斯之鷹

北 區 郵 政 管 理 局
登記證北台字第9125號
免 貼 郵 票

大都會文化事業有限公司

讀　者　服　務　部　收

11051台北市信義區基隆路一段432號4樓之9

寄回這張服務卡（免貼郵票）
您可以：
◎不定期收到最新出版訊息
◎參加各項回饋優惠活動

大都會文化
METROPOLITAN CULTURE